U0927415

教育部人文社会科学研究青年基金项目“现代化视域下的大学生公民责任教育研究”的研究成果（项目号：09YJC710015）

中央高校基本科研业务费专项基金资助

现代化视域下的大学生公民责任教育研究

吴威威 ● 编著

中国社会科学出版社

图书在版编目(CIP)数据

现代化视域下的大学生公民责任教育研究／吴威威编著.
—北京：中国社会科学出版社，2015.9
ISBN 978-7-5161-6906-3

Ⅰ.①现… Ⅱ.①吴… Ⅲ.①大学生—公民教育—社会公德教育—研究—中国 Ⅳ.①D648.3

中国版本图书馆 CIP 数据核字(2015)第 220485 号

出 版 人 赵剑英
责任编辑 凌金良
责任校对 刘 娟
责任印制 张雪娇

出 版 中国社会科学出版社
社 址 北京鼓楼西大街甲 158 号
邮 编 100720
网 址 http://www.csspw.cn
发 行 部 010-84083685
门 市 部 010-84029450
经 销 新华书店及其他书店

印 刷 北京君升印刷有限公司
装 订 廊坊市广阳区广增装订厂
版 次 2015 年 9 月第 1 版
印 次 2015 年 9 月第 1 次印刷

开 本 880×1230 1/32
印 张 7.875
插 页 2
字 数 205 千字
定 价 35.00 元

目　录

导　论

一　问题的提出

当前，中国已经迈入现代化进程的深处，面临着深刻的社会转型。改革开放以来，随着市场经济体系逐步建立，以经济领域的工业化、政治领域的民主化、社会领域的城市化、价值观念的理性化为表征的现代化取得一定进展。但现代化的关键——公民思想行为的现代化还不能令人满意。全球化时代的到来，对公民素质提出了更高的要求，能否跟上现代化的步伐，在科技、经济，特别是人口素质上与国际接轨，关键在于公民教育。通过公民教育，培养具有主体性的健全自律的现代公民，既是现代化的迫切需求，也是中国社会发展的必然选择。

公民是国家和社会生活中最基本、最普遍的主体，建立现代的、民主而和谐的社会有赖于公民社会的培育、公民文化的弘扬和公民意识的塑造。美国社会学家英格尔斯指出，许多致力于现代化的发展中国家，正是在经历了长久的现代化阵痛和难产后，才逐渐意识道：一个国家只有当它的人民是现代人，它的国民从心理和行为转变为现代公民的人格，它的现代政治、经济和文化管理机构的工作人员都获得某种与现代化发展相适应的现代性时，这样的国家才可真正称为现代化国家。①

---

① ［美］英格尔斯：《人的现代化》，殷陆君编译，四川人民出版社 1985 年版，第 21 页。

现代化的公民教育，要培养具有公共责任感和道德责任意识的责任公民。在这里，公民责任是指公民履行与其公民身份相适应的、符合社会公共善的义务以及对行为后果的承担。这里所指的公民责任包含两层意思：当公民直接面对政府权力运作时，它是公民对于这一权力公共性质的认可及监督；当公民侧身面对公共领域时，它是对公共利益的自觉维护与积极参与。公民责任的核心内容是公民如何在公共生活中履行责任，它体现了公民参与公共生活的道德性。公民对民主制度和公益事业的参与、对公共利益的维护、对公共理性的追求、对社会公德的遵守等都被视为公民责任的表现，它们是民主、文明社会的发展所不可缺少的重要因素。

党的十七大报告指出："加强公民意识教育，树立社会主义民主法治、自由平等、公平正义理念"，报告强调要"大力弘扬爱国主义、集体主义、社会主义思想，以增强诚信意识为重点，加强社会公德、职业道德、家庭美德、个人品德建设，发挥道德模范榜样作用，引导人们自觉履行法定义务、社会责任、家庭责任"。这些为我们在新时期开展公民责任教育指明了方向。我国历史上数千年的封建专制统治只有臣民而没有公民，直至1949年公民的主体性地位才得以确认，我国公民文化、公民社会的孕育都相对落后。社会实践上缺少公民文化的积淀，也一定程度上影响了政治现代化和民主化的进程。大学生公民责任教育是整个公民教育体系中的重要一环。大学生是十分宝贵的人才资源，是祖国的未来和民族的希望。作为高素质的特殊公民群体，大学生正处于由"准公民"向社会化的"合格公民"过渡阶段和世界观、人生观、价值观形成的关键时期，他们的责任意识如何，不仅直接关系到个人自身的发展，而且关系到祖国的前途和民族的未来。当前在校的大学生并未在小学、中学阶段接受过完整而系统的公民教育，因此要想让他们毕业后主动承担公民责任，成为合格的社会主义公民，当务之急是应在大学阶段对大学生开展社会主义公民教育，尤其是公民责任教育，使他们能够以负责任的心态主动参与国家与社会的公共事务。这也正是本书研究的实际应用价值。

学习和借鉴东西方国家公民责任教育的成功经验，坚持发展具有民族性的公民责任教育，是本书研究的一项重要内容。现代的公民教育概念是与现代民族国家相伴相生的，并且随着西方现代化和民主化进程的推进而不断丰富和发展着自身的内涵。我们开展公民责任的教育研究，也必须学习和借鉴东西方公民责任教育的先进理论和宝贵经验，批判性地分析、学习和借鉴，从而更好地构建我国大学生公民责任教育的理论与实践体系。本书在界定和分析现代化与公民责任的基本理论的基础上，从实践层面总结与比较美国、德国、俄罗斯和新加坡等东西方国家公民责任教育的历史沿革与特色做法，力争为我国大学生公民责任教育的实施提供历史与现实参照。通过比较，我们发现，在公民责任教育方面，既有全球趋同的一般共性，也有体现着本民族历史、文化发展和制度特点的特色做法。就前者而言，当前学者们对公民教育的内容已普遍达成了共识，代表性的观点，如美国印第安纳大学教授约翰·帕特里克所归纳的世界公民教育的趋势："第一，公民教育内容趋同。世界上大多数从事公民教育的人都将公民教育集中于三个方面，即公民知识，公民技能，公民品德（civic knowledge，civic skill，civic virtue）。第二，突出进行基本观念或核心概念的教育，如主权在民，个人权利，公共利益，权威，正义，自由，宪法和法治，代议制民主。"① 蓝维等概括了当前公

① Patrick, John, Global Trends in Civic Education for Democracy, ERIC Digest. ERIC Clearing House for Social Studies/Social Science Education ED410176 Jan 97，转引自蓝维等《公民教育：理论、历史与实践探索》，人民出版社2007年版，第145—146页。

民教育发展的世界趋向，其中之一就是教育内容集中在公民知识、公民技能与公民品性上。公民知识由一些基本的观点与知识组成，学习者必须了解这些观点与知识，以便能够运用它们，成为有效的和负责任的公民。公民技能包括智力技能和参与技能。智力技能用来理解、阐释、比较和评估政府与公民的原则和实践。参与技能则使公民能够监督和影响公共政策。公民品性包括人格特性、性情和信奉，这些对于保存和改善民主的治理与公民的身份都是必要的。公民品性的内容有尊重每个人的价值与尊严、礼貌、正直、自律、宽容、同情和爱国精神。信奉包括献身于人权、公益以及法治。[①] 就后者而言，尽管全球公民责任教育有共同关注的主题，但由于制度、国情和历史文化传统的不同，各国公民责任教育从目标到内容都体现了本民族的特点。例如，作为东方国家，新加坡在吸收西方现代化思想的同时，将儒家文化融入公民责任教育当中，既保持了传统文化，又培养起具有健全人格的现代公民，既坚持传统道德教化，又大力加强法治惩戒，形成了自己独具特色的公民责任教育体系。这表明公民责任教育是具有继承性的，公民文化既具有现代性，又需要保持民族文化的传承性，我国实施公民责任教育完全可以结合我们的历史文化传统和基本国情，凸显中华文化的民族性。我国传统文化非常注重人的道德责任教育，只有在充分继承和发展我国优良的伦理文化传统的基础上，体现现代公民教育的基本意涵，才能构建起符合我国国情的公民责任教育体系。

本书在公民责任教育的国际比较中选取了三个有代表性的国家，它们分别是美国的权利取向的公民教育模式，德国的义务取向的公民教育模式，新加坡道德中心主义的公民教育模式。此

---

① 蓝维等：《公民教育：理论、历史与实践探索》，人民出版社 2007 年版，第 145 页。

外，作为原属于社会主义阵营后又走上资本主义道路的俄罗斯的公民责任教育情况，本研究也给予了关注。因为俄罗斯的公民责任教育的经验、教训和现在所面临的挑战，可以为我们批判性地反思和构建社会主义公民责任教育体系提供思考和借鉴。在国际比较的基础上，我们期望为中国公民责任教育的发展提出一些建设性的意见。结合我国国情、历史与文化背景，明确目标、找准路径、采取措施，从而在中国的土地上探索出既有时代气息又有中国特色与中国气派的公民责任教育理论与实践模式。

二　公民责任教育与公民教育

从种属关系上说，公民责任教育属于公民教育，公民教育包含公民责任教育。公民教育分为广义的和狭义的。广义的公民教育是指在现代社会里，培育人们有效地参与国家和社会公共生活、培养合格公民的各种教育的集合；狭义的公民教育常常指公民科学教育，旨在传授公民参与国家或社会公共生活的必要知识。根据公民教育所涉及的深度和广度，公民教育包含三方面内容："有关公民的教育"：强调对国家历史、政体结构和政治生活过程的理性认知；"通过公民的教育"：通过积极参与学校和社会的活动来获得公民教育；"为了公民的教育"：在知识与理解、技能与态度、价值与性向等各个方面培养学生，使学生在未来的成人生活中能够真正行使公民的职责。这三个方面内容，由浅入深，公民责任教育主要指第三方面的公民教育，就公民责任教育的目标而言，公民责任教育是围绕着"培养积极的、负责任的公民"这一核心问题展开的，一般的公民教育重在培养符合社会期待要求的合格公民，而公民责任教育更加强调培养主体性公民、有担当的公民、积极付诸行动改善社会的公民。

责任是任何一个公民应当承担的对国家、民族、社会的职责和义务。公民责任是指公民履行与其公民身份相适应的、符合社会公共善的义务以及对行为后果的承担。一个社会要使社会成员成为具有责任意识的公民，关键措施就是实施责任教育。所谓责任教育是指有组织、有计划、有目的地对教育对象进行以“责任”为核心的政治、思想和道德等多方面施加影响的教育过程，培育责任主体，增强行为主体对自身、社会、国家、环境的责任意识，养成责任人格的过程。公民责任教育是通过有目的、有计划、有组织的公民教育，使公民具备公民责任意识，能够自觉践行某种契约的或道德的责任，培养为社会公共利益和国家公共权力而负责的公民的教育。公民责任教育属于公民教育范畴。通过公民责任教育可以深化公民个体对角色道德责任的认知，提高其自由选择与责任承担的能力，使之能在人生的不同阶段、面对复杂多变的社会情景做出有益于维护社会公共善的道德判断。公民责任教育是通过公民教育来提升公民的责任意识，进而提高公民对与自身、与社会、与国家以及与环境的关系的攸关性的认知能力和行动能力，以便更好地承担公民责任。

三　研究方法

本书主要采用文献分析和比较研究的方法，论域涉及政治学、伦理学、德育、思想政治教育、法学等众多相关学科，同时还需要学习和借鉴公民理论的国内外经典文献。通过研究各种公民理论主张以及分析相关文献，运用分析、归纳、演绎、推理等方法，探索我国大学生公民责任教育的理论结构及实践模式。本书的另一个重要内容是通过比较不同国家大学生公民责任教育的经验和特色做法，为探索我国大学生公民责任教育的内容与途径提供参照。

第一章　现代化与公民责任的相关概念分析

一　现代化的含义与现代化理论

何谓现代化？学界研究众说纷纭。“‘现代化’一词最早是1951年6月美国社会科学研究会经济增长委员会创办的《文化变迁》杂志社在芝加哥召开的一个学术会议上提出来的。当时用该词来说明从农业社会向工业社会的转变。而比较明确、系统地研究现代化进程的早期著作是1958年美国著名社会学家丹尼尔·勒纳写的《传统社会的消逝》。虽然后来的学者使用‘现代化’一词的含义各有区别，但几乎所有的学者均把‘现代化’看作是从传统农业社会向现代工业社会转变的过程。”①

现代化是传统社会向现代社会的转变过程。它是多层面同步转变的过程，是涉及人类生活所有方面的深刻变化。概括地说，现代化可以看作是经济领域的工业化，政治领域的民主化，社会领域的城市化以及价值观念领域的理性化的互动过程。关于现代化过程的特征，多数学者认可以下九个特征：

（1）现代化是革命的过程。这是直接依据现代社会和传统社会两者的比较而推论出来的。这两种社会存在根本差异，从传统性到现代性的转变必然涉及人类生活方式根本的和整体的变化。

---

①　施雪华：《政治现代化比较研究》，武汉大学出版社2006年版，第2—3页。

（2）现代化是复杂的过程。不能将现代化过程简单地归纳为某一种因素或某一个范围。它包含着实际上是人类思想和行为一切领域的变化。它的组成部分至少包括工业化、城市化、社会流动、分化、世俗化、传播媒介的扩大、文化和教育的提高、参政范围的扩大。

（3）现代化是系统的过程。一个因素的变化将影响到其他各种因素的变化。

（4）现代化是全球的过程。现代化起源于15世纪和16世纪的欧洲，但现在已经成为全世界的现象。这种情况的出现主要是通过现代思想和技术以欧洲为中心的传播，同时部分地通过非西方社会内部的发展。总而言之，一切社会一度都是传统社会，而现在的任何社会要么是现代社会，要么是正在成为现代社会过程中的社会。

（5）现代化是长期的过程。现代化所涉及的整个变化需要时间才能解决。西方社会的现代化需要好几个世纪，当代正在现代化的社会就不需要这么长的时间。但是，从传统性向现代性过渡所需要的时间仍然要用世纪来计算。

（6）现代化是有阶段的过程。一切社会进行现代化的进程有可能区别出不同的水平或阶段。它显然是从传统阶段开始，以现代阶段告终。但是，这两个时期中的过渡阶段还可以划分出几个小阶段。从传统社会向现代社会转变要经历启动、起飞、基本完成等若干大致相同的阶段。

（7）现代化是一个同质化的过程。各种传统社会的差异很大，而进入现代化的各种社会将日益同质，最终可能形成一个“世界国家”。这是现代思想、技术和制度的普遍性或普适性造成的。

（8）现代化是不可逆转的过程。虽然在现代化过程中某些方面可能出现暂时的挫折和偶然的倒退，但在整体上现代化基本上是个长期的趋向。在各个社会之间，变化的速度将出现很大的差别，但变化的方向大体相同。

（9）现代化是进步的过程。在转变时期，尤其是在转变时期的初期阶段，代价和痛苦是巨大的，但是，现代的社会、政治和经济秩序所取得的成就足以弥补。从长远的观点来看，现代化增加了全人类在文化和物质方面的幸福。①

现代化理论从萌芽至成熟，大致经历了三个阶段。第一个阶段是现代化理论的萌芽阶段，从 18 世纪至 20 世纪初。这一阶段以总结和探讨西欧国家自身的资本主义现代化经验和面临的问题为主，其中主要的学者有圣西门、孔德、迪尔凯姆和韦伯等。第二个阶段是现代化理论的形成时期。从第二次世界大战后至 20 世纪 60—70 年代，以美国为中心，形成了比较完整的理论体系，主要学者有社会学家帕森斯、政治学家亨廷顿等。第三个阶段是从 20 世纪 60—70 年代至今，这一时期研究的核心是如何处理非西方的后进国家现代化建设中的传统与现代的关系。

现代化理论根据其发展进程，可大致分为六大学派：（1）结构—功能主义学派，认为现代化是从传统社会向现代社会的转变。重点研究现代性和传统性的比较和转换。代表人物帕森斯、列维、穆尔。（2）过程学派，认为现代化是从农业社会向工业社会转变的过程，这个过程包括一系列阶段和深刻的变化。重点研究转变过程的特点和规律。代表人物罗斯托。（3）行为学派，认为现代化必然涉及个人心理和行为的改变，强调人的现代化。代表人物英格尔斯。（4）实证学派，认为各国的现代化具有不同特点，开展现代化的实证研究。代表人物亨廷顿。（5）综合

① ［美］塞缪尔·P. 亨廷顿：《导致变化的变化：现代化、发展和政治》，载［美］西里尔·E. 布莱克编《比较现代化》，杨豫、陈祖洲译，上海译文出版社 1996 年版，第 44—47 页。

学派，认为现代化涉及人类生活方方面面的深刻变化，主要方法是比较研究、发展模式研究、定量指标研究等。代表人物布莱克。(6）未来学派，研究未来的发展趋势，重点研究发达国家的发展趋势。代表人物托夫勒。

二　政治现代化与公民文化

“政治现代化”是社会现代化在政治层面或政治领域的体现。它是指传统政治体系向现代政治体系转变的整个过程。[①] 人们一般把政治现代化分为三个大的方面，即权威的理性化、功能的分化和参与的扩大。

(1）政治权威的理性化。由单一的、世俗化的、全国性的政治权威取代各种传统的、宗教的、宗族的或种族的政治权威；对外坚持民族国家的主权，以抵制外国的影响；对内坚持中央政府的主权，以控制地方性和区域性的权力；政治体系内权力的传递或变更按照公共选择的规则和程序进行；实现民族国家的整合，把权力集中于公认的国家立法机构手中。

(2）政治功能的分化。各种专门职能部门，如法律、军事、行政、科学等，都要与政治领域相分离；这些部门的任务应由自立的、专门化的下属机关去执行；科层组织变得更精密、更复杂、更有纪律性；形成完善的输入、综合、决策、输出和反馈机制，能够及时地以制度化的方式反映社会和提供社会管理；职权的分配越来越以个人成就为标准，而不是凭先赋标准。

(3）政治参与的扩大。人民的政治参与意识的提高；社会自由（言论、出版、结社等）的扩大；参与组织（尤其是政党）的成熟；民主选举政治领导人；民众对决策的参与以及对政府行

---

① 施雪华：《政治现代化比较研究》，武汉大学出版社2006年版，第10页。

动的制约。[①]

这三方面相互联系，第一方面主要涉及“民族国家”即世俗化的、中央集权的现代国家的形成。第二方面主要指科学化的国家管理，它是建立在政治和行政机构的高度专业化和职能分化的基础之上的。第三方面涉及民众对政治的参与，包括对政府行为的监督、民众意见的表达以及公开选举政治领导人等。在这三个因素中，“参与的扩大”是区分传统政体与现代政体的最重要的标志，是衡量一个国家政治现代化是否完成的最后标志。

政治现代化的发展进程必然推动政治文化的变迁。美国著名政治学者阿尔蒙德和维巴认为：“‘政治文化’一词代表着特定的政治取向——对于政治制度及其各个部分的态度，对于自己在这种政治制度中的作用的态度……当我们提到一个社会的政治文化时，我们所指的是在其国民的认识、情感和评价中被内化了的政治制度。”[②] 阿尔蒙德与鲍威尔把政治文化分为三个层次：第一是“体系文化”。它首先牵连政治合法性的基础。在传统社会里，统治者的合法性可能取决于他们的世袭地位；在一个转型社会中，统治者的合法性可能来自他们造福于民的许诺；而在现代民主政治体系中，当权者的合法性取决于他们在竞争中获胜以及在制订法律时是否遵守规定的宪法程序。“体系文化”还牵连不同的地方集团与种族集团对国家的认同意识的高低，以及民众对政权和权威人物的支持情况。第二是“过程文化”，即对政治过程的一整套倾向。比如，对自己在政治中的看法，在比较传统的国家里，“狭隘观念、顺从者”占多数，而在英美等现代社会

① 尹保云：《什么是现代化——概念与范式的探讨》，人民出版社 2001 年版，第 152 页。

② ［美］加布里埃尔·A．阿尔蒙德、西德尼·维巴：《公民文化——五国的政治态度和民主制》，马殿军、阎华江等译，浙江人民出版社 1989 年版，第 15 页。

里，则是“参与者”占大多数；对其他政治活动者的看法，在比较传统的国家里多持“敌视”态度，而在英美现代社会里则是多持“信任”态度。第三是“政策文化”。它关系到公共政策的倾向模式，而政策倾向模式的核心是人们对美好社会的想象，即一个社会公民是如何看待美好社会的？在一些社会里，人们高度重视私有财产；而在另一些社会里，人们则把公共财产与美好社会联系起来。如果多数成员都认为现存社会体系与美好理想比较接近，那么政策模式就会倾向于巩固现存体系，反之，就会形成变革或革命的力量。①

阿尔蒙德于1956年最先提出公民文化的概念。公民文化主要指公民政治文化，是从文化视角探讨人们的政治行为和社会政治生活，指处于一定历史、社会、文化条件下的权利义务主体对政治体系、政治活动过程等各种政治现象以及自身在政治体系和政治活动中所处地位和作用的态度和倾向。它包括公民的政治知识、政治技能、政治价值、政治情感、政治理想、政治信念、政治安全感和政治效能感等。作为人们的政治取向模式，公民政治文化又可以分为三种类型：地域型文化、依附性（臣民型）文化和参与型文化。地域型政治文化：人们只能朦胧地意识到一个中央政权的存在，他们对于这个政权的感情是不确定的或消极的，也没有把任何规定他们与政权的关系的准则内化。即人们对政治系统如何运作以及作为能动参与者的自我，均缺乏起码的认知和情感；依附型政治文化（又称驯顺型或臣民政治文化）：人们对政治运作的取向明确，但是他们与政治系统的联系是一种被动的联系。有这种政治文化取向的人对国家的政治系统只是情感的、规范的，而非认知的；参与型政治文化：社会成员对整体的

① ［美］加布里埃尔·A. 阿尔蒙德、小 G. 宾厄姆·鲍威尔：《比较政治学：体系、过程和政策》，曹沛霖等译，上海译文出版社1987年版，第35—60页。

制度和政治系统的运作均表现出明确的取向。同时，个人在政治体系中倾向于一种自我活动者的角色，个人对这种角色的情感取向和评价的取向，可能接受也可能反对。

一般说来，政治系统的结构与政治文化之间存在着对应的关系。传统型政治结构与地域型文化相适应，中央集权型的政治结构与臣民型文化相适应，而民主的政治结构则同参与型文化相适应。阿尔蒙德和维巴通过对英、美、德、意和墨西哥五国的经验调查认为，“公民文化”是由这三种类型的政治文化交汇而成的，它所体现的是现代文化与优良传统文化的结合。

现代公民文化的特点在于：第一，公民具有较强的政治参与意识，关注政治系统的输入与输出，尤其是具备输入功能取向；第二，公民具有较强的政治认同感和效能感；第三，公民政治活动的频率较高，但这种活动的主要特征是高理性基础上的高参与。阿尔蒙德和维巴在著作中也描绘了理想的公民文化的特征。他们以英、美两个较成功的民主国家为例，来说明理想的公民文化的特征：多元、理性、宽容、守法、负有责任和信任。“存在着政治的积极性，但这种积极性不至于高到损害政府的权威，存在着卷入和信仰，但它们是有节制的；存在着政治分歧，但它是受到制约的。尤其是，这些构成公民文化的政治取向与普遍的社会和人际间的取向有着密切的联系。在公民文化之中，人际关系的规范，人们社会环境中普遍信任和信赖的规范，渗入政治态度之中并调节着这些态度。”① 公民文化是一种政治文化，它兼具传统与现代双重属性。其现代性，表征着不同国家之公民文化的相似性；其传统性则昭示着各国公民文化的差异性——公民文化的传统性正是各国政治历史和社会结构之差异性的反映。作为一

① ［美］加布里埃尔·A．阿尔蒙德、西德尼·维巴：《公民文化——五国的政治态度和民主制》，马殿军、阎华江等译，浙江人民出版社1989年版，第540页。

种具有现代性的政治文化，公民文化是以人民主权观念为逻辑暗设的。正是这种逻辑暗设，决定了公民文化之现代性的两个延伸特征，即公民本位和参与性。就公民本位而言，公民文化实际上是一种以公民为出发点和价值归宿的文化形态，它强调公民“可以独立地表现自己的意志而不傲慢，正直地表示服从而不奴颜婢膝”[①]。因此，在公民与政府关系问题上，公民文化固守公民及公民社会之于政府的渊源性地位；在个人权利与政府公权力关系问题上，则坚持个人权利之于政府公权力的基础性和目的性价值。

公民文化与政治现代化之间是相辅相成的互动关系。公民文化通过人们的政治心理、政治观念、政治意识、政治信仰对人们的政治行为和社会的政治体系、政治过程产生着深刻的影响。

公民文化对于现代政治结构的形成具有推动作用，而政治现代化发展进程也对公民文化的塑造有重要的促进作用。在西方政治思想史上，马克斯·韦伯第一次对政治合法性问题进行了系统研究并使之成为经典理论。韦伯认为，合法性基础可分为三种：对传统的遵从、对超凡魅力的信服和对理性的追随。[②] 唯有法理型统治才体现了历史发展的潮流，也是政治现代化的必然结果。在他看来，由命令和服从构成的每一个社会活动系统的存在，都取决于它是否有能力建立和培养对其存在意义的普遍信念。韦伯认为，“一切经验表明，没有任何一种统治自愿的满足于仅仅以物质的动机或者仅仅以情绪的动机，或者仅仅以价值合乎合理的动机，作为其继续存在的机会。相反，任何统治都企图唤起并维

---

① ［法］亚历西斯·德·托克维尔：《论美国的民主》（上），董果良译，商务印书馆1988年版，第273页。

② ［德］马克斯·韦伯：《经济与社会》（上卷），林荣远译，商务印书馆1998年版，第238—242页。

持对它的合法性的信仰”①。“政治文化影响着政治体系中每一个政治角色的行动。同时，由现存政治结构所造成的机会和压力也影响着政治文化。当人们边学习边行动并通过行动来学习时，文化和结构、态度和行为之间就不断地发生相互作用。态度类型影响政治生活的正在进行中的活动，构成这些活动的基础，同时也受这些活动影响。因此对文化和结构两者进行考察，从而发现这些态度类型，是很有裨益的。”② 罗伯特·达尔对20世纪现代化进程中民主政治发展做了深入的考察和分析，确信民主的信念和政治文化是民主政治发展的关键条件之一，他指出：“如果公民和领导人对民主的观念、价值和实践给予强有力的支持，一种稳定的民主的前景就更加光明；如果这些信念和倾向落实到国家的文化中，并且大部分能够在代际之间传承，这就是最可靠的支持。换言之，就是国家拥有一种民主的政治文化。”③ 而政治现代化的发展进程对公民文化的形塑作用也已经被政治学研究所证实。如1981年，一些学者通过对联邦德国20世纪50—70年代的民意调查资料的分析，用大量的数据详细地勾勒出联邦德国政治文化的深刻变化，证明了民主政治过程和民主生活本身的规范性及有效性对一个国家民主政治文化的生成和发展有着重要的促进作用。④

培育公民文化有助于维持政治关系的稳定。公民文化所特有的宽容、妥协、理性、多元等特征，有助于维持一个政治体系的

---

① ［德］马克斯·韦伯：《经济与社会》（上卷），林荣远译，商务印书馆1998年版，第239页。

② ［美］加布里埃尔·A. 阿尔蒙德、小G. 宾厄姆·鲍威尔：《比较政治学：体系、过程和政策》，曹沛霖等译，上海译文出版社1987年版，第29—30页。

③ 刘学军：《政治文明的文化视角——中国现代化进程中的政治文化走向》，江西高校出版社2004年版，第36页。

④ 同上书，第35页。

各层次政治关系，使之良性渐进地发展而不发生重大的社会动荡。例如，资产阶级革命以后，英国的政治文化倾向于政治和平演进，美国的政治文化倾向于政治和平转移，虽为多价值系统的政治文化，但其政治目的和政治手段大体一致，所以这两个国家的政治发展没有大起大落。而法国政治文化中亚文化庞杂，个人主义、怀疑主义、公民精神缺乏，结果政治生活和政治关系很不稳定，甚至经历了血雨腥风的革命才确定下来现代民主体制。无疑，政治现代化是社会转型的必需的、重要的内容和表征，而社会转型又需要避免较大的政治波动和政治震荡。因而，一个政治稳定的基本格局有助于顺利推进社会转型进程。公民文化是一种平衡的政治取向，它在意识与行为上一般都能保持督政与认同的平衡，维权与守法的平衡，竞争与协商的平衡，纷争与节制的平衡，批评与宽容的平衡。这些平衡实质上就是共识和分歧、权利与责任、情感倾向和情感中立之间的一种理性平衡，是社会稳定的基石。第一，协商是社会稳定的安全阀。改革需要让社会有一个稳定的格局。但这种稳定不是鸦雀无声“一言堂”式的稳定，而是“和而不同”的稳定；不是僵滞的稳定，而是有机的稳定。这就有赖于各主体间通过平等协商来理性公允地化解各种矛盾因素，以此疏导社会情绪，增强社会心理承受能力，节约并降低社会组织和个人的交易成本。因此，平等协商作为协调各方利益的一种形式，有助于形成政治现代化必需的有机稳定态势。第二，妥协有助于在政治共同体内既承认别人的利益也保护自己的利益。由于人类需求上的共性、欲望的无限性以及资源的有限性之间永远存有矛盾，人们之间的利益冲突是不可避免的。为了不至于再无谓地冲突，尤其是剧烈的暴力冲突中毁灭整个社会，就需要将冲突控制在“秩序”的范围之内，则妥协实为一种有效的双赢选择。第三，宽容是各主体间在相互理解基础上的互相宽大对待。尽管妥协是对他人利益的认同，但如果各主体间缺乏宽容精神，即便达成妥协也只是暂时的休战，而只有从心底认可和宽恕对方，才会有长期稳固的妥协。在宪政制度框架内，各主体间的相互宽容反映在对待国家政治生活上，一般以和平的方式、以合法的路径来实现自己的目的，而不是运用暴力手段来解决矛盾和问题。

三 人的现代化与公民责任

“现代化”作为社会的全面转型，是农业社会向工业社会的嬗变过程。现代化是在科技革命促进生产力水平飞速发展，生产力引起生产方式、生活方式和社会运行方式变革之后，社会逐步进入工业化阶段的发展过程，即各个国家在不同时期和起点上，开始超越农业社会、步入工业社会的工业化过程。社会现代化融合了诸多领域的革命性变革和飞跃性发展，“在工业化的同时伴随着知识大量增加、政治快速发展、社会参与不断扩展、教育和文化转型等，包括民主化、法制化、工业化、都市化、均富化、福利化、社会阶层流动化、宗教世俗化、教育普及化、知识科学化、信息传播化和人口控制化的一系列革命性变革”①。发达国家工业化和现代化发展的历史与经验证明，在社会工业化的变革中，科技现代化是前提，经济现代化是物质基础，政治现代化是制度保障，教育、文化和人的现代化是必要条件，前三者是硬件基础，后三者是软件支撑，这六个现代化的全面和谐发展，才是社会现代化的全面有机实现。其中，人是全部社会实践的主体和决定性因素，人左右着社会实践的方向和效果，人的现代化促进和保障社会现代化的实现和持续发展。因此，文化和人的现代化

① 罗荣渠：《现代化新论——世界与中国的现代化进程》（增订版），商务印书馆2004年版，第14—15页。

转型，是社会现代化顺利转型与和谐发展的逻辑前提。

社会变革的进程一般都要经历依次递进的三个阶段：第一阶段是生产工具和生产器具的变革；第二阶段是管理制度和各种体制的变革；第三阶段是文化内涵和思维方式的变革。这是被洋务运动、五四运动以来的历史所反复证明了的。就起步的顺序看，这三个阶段是一个逐步发展、循序渐进的过程，并且随着时间的推移，变革的速度、效益和可操作性逐次减小。从逻辑上和社会实践的角度看，当进入第三阶段之后，第一和第二阶段性质的变革并没有停止下来，而是与第三阶段性质的变革融合在一起，使社会变革具有了三个层次同步运转的内涵。在三个阶段和层次中，人都是决定性的因素，因此，人的观念及社会属性的变革，十分重要并且应当首先实现。

（一）人的现代化的内涵与特征

人的现代化问题，可以追溯到欧洲的文艺复兴时期。文艺复兴的要旨就是要打破封建专制对人的统治，摆脱神学对人的思想的束缚，重新确立人的地位，以适应资本主义经济发展的需要。可以说，自文艺复兴以来出现的资产阶级启蒙活动、宗教改革运动，都是高举人的改造和解放这一大旗的。

20 世纪 60 年代以后，人的现代化问题才日渐引起人们的重视，并得到了较系统的研究。60 年代的现代化理论形成了一个普遍的看法，即经济增长并不等于现代化，真正的现代化必须把人的因素考虑在内，以人的发展和人的现代化为核心。美国著名的现代化研究专家英格尔斯认为，无论一个国家引入了多么现代的经济、政治制度和管理方法，也无论这个国家如何仿效最现代的政治和行政管理，如果执行这些制度并使之付诸实施的那些个人，没有从心理、思想和行动方式上实现由传统人到现代人的转变，真正能顺应和推动现代经济制度与政治制度的健全发展，那么，这个国家的现代化只是徒有虚名。[①]

简单地说，人的现代化是指人由传统人格转化为现代人格的过程。具体而言，人的现代化是指与现代社会相联系的人的素质的普遍提高和全面发展，包括人的思维方式、价值观念、生活方式和行为方式由“传统人”向“现代人”的转变。这种转变从根本上说是人的生存方式和发展状态的历史转型。英格尔斯在《人的现代化》一书中，归纳了现代人的12个特征：（1）乐于接受新的生活经验、新的思想观念和新的行为方式；（2）接受社会的改革和变化；（3）思路广阔，头脑开放，尊重并愿意考虑各方面的不同意见、看法；（4）注重现在与未来，守时惜时；（5）强烈的个人效能感，对人和社会的能力充满信心，办事讲求效率；（6）重视有计划的生活和工作；（7）尊重知识；（8）可依赖性和信任感；（9）重视专门技术；（10）对教育的内容和传统智慧敢于提出挑战；（11）相互了解、尊重和自尊；（12）了解生产和过程。英格尔斯尤其强调以下四个心理特征：即现代人是一个见闻广博、积极参与的公民；现代人有明显的个人效能感；在同传统的影响来源的关系中，现代人有高度的独立性和自主性，特别是在他决定如何处理个人的事务时尤其如此。[②] 概括地说，现代人的特征表现为：思想观念现代化、思维方式现代化、能力现代化、行为方式现代化和社会关系现代化。

（二）公民与公民责任概念界定

1. 公民概念的基本内涵

从一般意义上说，公民是指具有一个国家国籍的人。我国现

① ［美］英格尔斯：《人的现代化》，殷陆君编译，四川人民出版社1985年版，第21页。

② 同上书，第22—36页。

行宪法第 33 条明确规定："凡具有中华人民共和国国籍的人都是中华人民共和国公民。"这是公民一词的最基本含义。进一步深入研究，可以发现"公民"具有多层含义，在不同学科中包含了特定的具体内涵。

法学意义的公民通常是指在法律上享有权利和承担义务的主体，因此从法学意义上定义公民为：具有一个国家国籍，并根据该国宪法和法律享受权利、承担义务的自然人。法律意义的公民概念有这样几个特征：首先，公民是自然人个人的一种身份或资格。公民只是个人的一种身份，而不具有群体的属性，他不同于法人，法人是一定的社会组织在法律上的人格化。其次，公民是一个反映个人与国家之间关系的概念。属于某一国的公民，意味着享有该国法律所赋予的权利，同时也负有该国法律所规定的义务。再次，公民概念反映了公民之间的平等关系。公民在法律面前是完全平等的，法律不承认任何特殊公民。最后，公民资格的取得与丧失是以国籍为转移的。①

政治学意义的公民，是指参与公共事务从而在政治国家中具有自主性的个人，即个人在社会政治生活中的自决和自主。自决，指人对自身利益和公共利益的判断和选择，对公共事务的决断；自主，指人在政治生活中追求人格的独立与完善。在西方，政治学意义的公民是"公民"这一概念的最初所指。早在古希腊的城邦国家中，一部分居民因为具有参加司法活动以及担任官职的特殊资格而被称为公民。亚里士多德认为，"凡有权参加议事和审判职能的人，我们就可说他是那一城邦的公民"②。亚里士多德所说的"人是政治动物"中的人不是指所有的人，而仅

① 谢鹏程：《公民的基本权利》，中国社会科学出版社 1999 年版，第 1—2 页。

② ［古希腊］亚里士多德：《政治学》，吴寿彭译，商务印书馆 1965 年版，第 113 页。

仅是指作为公民的人，因为这样的“人”本来是政治性规定，天然地包含了政治方面的要求，并以履行政治义务为其本质。[①]

伦理学意义的公民，是指具有公民应有的身份、角色的道德的人，包括通晓公民权利与义务、积极参加志愿者活动等，也可以称为有“公民道德”（civil virtue）的人，它侧重于公民个人应有的行为态度和品质。

以上各学科对公民概念的探讨，反映出对“公民”关注的不同侧面，这些不同侧面都是由公民资格所赋予的。因此，从更根本的意义上说，公民是指一个人在公共生活中的角色归属，公民概念实际上也就是对在公共领域中涉及的“我是谁”、“我应当做什么”等问题的回答。[②] 公民的现实性就是公民资格（citizenship 或译为“公民身份”）。“事实上，在西方文献中，‘公民’与‘公民身份’是等同的。”[③] 《大不列颠百科全书》中“公民资格”词条的解释是，公民资格反映的是“个人同国家之间的关系，这种关系是，个人应对国家保持忠诚，并因而享有受国家保护的权利。公民资格意味着伴随有责任的自由身份”[④]。根据《布莱克维尔政治学百科全书》的解释，公民资格“表示个人在一个国家中正式的和负有责任的成员资格。在社会科学中，它主要用来表示在现代民族国家发展中的个人身份。公民资格指一个国家授予在其所能控制的地域内的所有人的权利”[⑤]。

---

① 焦国成主编：《公民道德论》，人民出版社 2004 年版，第 2—3 页。

② 吕元礼：《政治文化：传统与现代的会通》，人民出版社 2004 年版，第 284—285 页。

③ 焦国成主编：《公民道德论》，人民出版社 2004 年版，第 3 页。

④ 《大不列颠百科全书》第 4 卷，中国大百科全书出版社 1999 年版，第 236 页。

⑤ ［英］戴维·米勒、韦农·波格丹诺主编：《布莱克维尔政治学百科全书》（修订版），邓正来等译，中国政法大学出版社 2002 年版，第 121 页。

公民资格是成为公民并承担相应责任和权利的条件，它表达的是一种公共认同，即一个共同体中完全并且平等的成员资格。它包括两方面的内容：一方面它承认由公民们所组成的公共权威；另一方面它指明了拥有公民资格而具有的地位，就是有能力享用国家赋予的权利。

2. 责任的含义

从词源学考察，“责”字，据许慎《说文解字》解释，在古汉语中最早是索求的意思。《现代汉语词典》对“责任”的解释是：一指分内应做的事；二指没有做好分内应做的事，因而应当承担的过失。[①]“责”在古汉语中也有现代汉语责任的意思，如《书·金縢》中说：“若尔三王是有丕子之责于天，以旦代某之身。”《史记八九·张耳陈余传》中说：“贯高曰：所以不死一身无余者，白张王不反也。今王已出，吾责已塞，死不恨矣。”[②]

马克思说：“作为确定的人，现实的人，你就有规定，就有使命，就有任务，至于你是否意识到这一点，那都是无所谓的。”[③] 只要是现实生活中的人，就要承担一定的责任，责任是不可选择的。在人类历史上，根据责任的来源，有身份论、契约论、自然论三种比较有代表性的观点。身份论认为，责任是与身份相联系的。人的责任来源于他在社会分工体系中的地位。社会分工以固定化的形式造成了社会的等级和身份。每一种身份都有与之相联系的责任，个人只有履行了这些责任，才能获得自己的身份。契约论认为，责任产生于契约。到了近代，随着封建等级关系的解体，人在法律上的独立和自由代替了人的等级和身份，人与人之间的社会联系就以契约的形式出现了。人们从事社会活

① 《现代汉语词典》，商务印书馆 2002 年版，第 1574 页。

② 《辞源》合订本，商务印书馆 1988 年版，第 1604 页。

③ 《马克思恩格斯全集》第 3 卷，人民出版社 1960 年版，第 329 页。

动，实际上是对相应的权利义务关系，亦即对某种契约的承认。英国法学家梅因说过："所有进步社会的运动，至此处为止，是一个'从身份到契约'的运动。"[①] 契约代替身份而成为责任的基础。自然论认为，责任产生于人类本性。自然法学派认为，自然法是人类理性所发现的符合人类本性的普遍的价值体系和行为准则。根据自然法，每个人享有平等的权利，并相应地赋予平等的义务和责任。三种观点各自从不同角度探讨责任的内涵，身份论是从经济关系决定人的地位，契约论立足于法律实证主义，而自然论是从人的自然权利的角度探讨责任。三种观点各有自己的理由，在笔者看来，三者并不矛盾，而是相互补充地构成了责任的完整内涵。因为现实生活中的人本来就是多重角色存在的，作为自然人，必须尊重人格、敬畏生命、保护环境等。作为社会人，无论是经济体系还是法律体系中的角色，无论是亲缘角色、职业角色都有相应的角色要求，都要求承担对社会的责任和义务。承担不同责任是人之为人的必然选择。

综合以上分析，我们提出如下定义：责任指职责和任务，它是指由一个人或团体的资格（包括作为人的资格和作为角色的资格）所赋予，并与此相适应的从事某些活动、完成某些任务以及承担相应后果的要求。它是一种普遍存在的社会关系、行为要求和心理体验。它可以在个体之间、团体之间、个体与团体之间的关系中发生。作为一定社会成员的个人和团体，要在社会中生存和发展，就必然要与其他的个人和团体发生一定的经济、政治、法律、道德等多方面的联系，产生对他人、团体和社会的一定使命、职责和任务，形成经济责任、政治责任、法律责任、道德责任等多种责任，从而产生对行为主体的客观要求和行为主体对责任的心理体验。

① ［英］梅因：《古代法》，沈景一译，商务印书馆1959年版，第97页。

责任与义务常在同一意义上使用，两者存在一定区别。义务偏重于强调外在的客观要求，责任偏重于强调把这种外在的客观要求，内化为主体的主观道德自觉意识。义务是责任的外在形式，责任是自觉意识到的义务。另外，责任不只强调应该和必须，还强调要承担行为的相应后果。学者王海明认为，“凡是与职务有关的、职务所要求的必须且应该付出的利益，便都因其更强调必须性、强制性、法规性而叫做责任”①。王海明概括的责任更恰当的说法是职责，职责的产生源于特定职业角色的规定，这只是责任在一个视角上的意义。正如吉布森·温特（Gibson Winter）的研究所示，“‘责任’一词通过在法律和大众文化的背景下，对职责和义务进行界定，弥补了原有义务的不足”②。“责任”实际语义已涵盖了职责、义务等具体内容。

3. 公民责任的含义

公民责任是指公民履行与其公民身份相适应的、符合社会公共善的义务以及对行为后果的承担。公民责任是角色责任，它的产生源于公民资格的确认。现代社会的公民资格已经具有普适化的特点，绝大多数国家都以出生地、血缘或归化原则将公民资格赋予其几乎所有国民。公民责任概念具有积极和消极两个层面：积极意义的公民责任是指公民基于公民资格的要求，做出社会所期望的符合社会规范和公共利益要求的行为，公民作为主体处于积极行动的地位。消极意义的公民责任，是指社会对行为不符合社会规范的成员所给予的谴责和制裁，是社会对其成员不履行或没有履行好积极意义的公民责任的反馈。因此，公民责任既体现了由公民资格赋予的积极行动的权利，同时也是一种负担，正如

① 王海明：《新伦理学》，商务印书馆2001年版，第317页。

② ［美］特里·L. 库珀：《行政伦理学：实现行政责任的途径》（第四版），张秀琴译，中国人民大学出版社2001年版，第11页。

马克斯·韦伯所说，“遵循责任伦理的行为，即必须顾及自己行为的可能后果”[①]。这种负担是由行为评价而来，此评价体现在两个方面：社会评价和自我评价。前者指社会组织或其他社会成员对责任主体的评价；后者指责任主体——公民对自己行为的自我评价。人是社会的人，“人的本质不是单个人所固有的抽象物。在其现实性上，它是一切社会关系的总和”[②]。人的行为必然会对他人和社会产生影响，也必然会受到他人和社会的审查和评价。在这个意义上，公民责任体现了社会成员相互之间的关系。自我评价反映了公民对他人、集体、社会赋予自己的职责的理解和认识。公民只有真正认识到某事的价值以及自己应做的程度，即将外部社会的要求内化为自己的责任意识，他才能自觉主动地行动。当他没有履行好自己的职责的时候，他才会心悦诚服地接受社会的谴责或制裁。

由于公民责任是由公民资格赋予的，因此从公民资格理论的不同阐释模式，可以看出对公民责任理解的不同侧重点。公民资格表示个人在一个国家中正式的和负有责任的成员资格，它是成为公民并承担相应责任和权利的条件。目前对公民资格比较有代表性的解释模式有这样几种[③]：第一，公民资格是缓和阶级冲突的一种平等地位。公民资格理论的先驱马歇尔（T. H. Marshall）在《公民资格与社会阶级》（*Citizenship and Social Class*）一文中，将公民资格分为市民的、政治的、社会的三个方面，即公民资格的三要素。公民资格的市民方面是个人自由所必不可少的权利——人身自由、言论和思想自由、财产权和获得公正的权利，

① ［德］马克斯·韦伯：《学术与政治》，钱永祥译，生活·读书·新知三联书店 1998 年版，第 107 页。

② 《马克思恩格斯选集》第 1 卷，人民出版社 1995 年版，第 56 页。

③ 褚松燕：《个体与共同体》，中国社会出版社 2003 年版，第 28—45 页。

与这些公民权利直接联系的制度是法院。公民资格的政治方面指参与以议会和代议制政府为依托的政治权力运作过程。公民资格的社会方面指公民的经济福利与安全以及公民“充分分享社会遗产和按社会一般标准过文明生活的权利”，与之相关的制度是各种社会服务和学校教育。第二，公民资格是对共同体自治的参与。这种解释模式强调参与政治公共领域的重要性和对社会公共生活的追求，即强调通过积极参与政治生活来建构公共生活。社群主义者普遍持这种观点。例如，学者巴伯（Benjamin Barber）就认为政治领域是公民资格定义的根本领域，公民之所以是公民是因为他们讨论并参与政治。第三，公民资格是普遍性的法律意义上的制度。著名法学家达伦道夫认为，公民资格是一种法律思想，它描述权利，创造一个法律至上的共同体，使那些属于该共同体的人不受彼此之间的伤害也免受外部的伤害。第四，公民资格意味着自足的责任。这里自足主要是自立自足，是针对福利国家提出的。公民不仅是权利承载者，还应当是工作持有者和相关义务的负担者。学者弗林威德（Robert K. Fullinwider）分析了福利国家公民资格的三个维度：作为自立自足的公民、作为好邻居的公民和作为政治参与者的公民。其中，自足是最重要、最根本的。

这些解释模式各有侧重，第一种解释模式类似于自由主义的主张，认为公民责任体现在公民对公民权利的追求和维护上，权利是第一位的，责任是为了获取权利而付出的代价。第二种模式所提倡的公民责任是社群主义和共和主义所共同赞赏的主张，两者均强调社会与国家优先于个人，主张个人参与公共生活既是对整体利益的维护，参与本身也体现出很高的内在价值。第三种模式把公民责任仅限定在法律规定的范围内，因此其责任主张是消极的。第四种模式是自由主义右派的主张，他们针对福利国家日益暴露出的弊端，强调公民不要一味依赖社会福利和救济生活，而要体现出自力更生、积极工作的责任。各种解释模式共同关注的焦点是公民如何在公共生活中履行责任。公民责任所集中讨论的是公民在公共生活中的角色体现，它包含有两层意思：当公民直接面对政府权力运作时，它是公民对于这一权力公共性质的认可及监督；当公民侧身面对公共领域时，它是对公共利益的自觉维护与积极参与。

（三）公民责任与人的现代化

公民责任是指公民履行与其公民身份相适应的、符合社会公共善的义务以及对行为后果的承担。在现代社会，对公民责任的强化，即增强公民对公共权力和公共利益的责任意识，从个体角度有助于公民道德水平的提高，从社会角度则有助于社会秩序的文明、和谐、有序，并进而有助于民主政治的稳定和发展。公民责任的建设与强化对主体性道德人格的形成具有重要作用，理性的、体现主体性人格的、关注社会公共利益的、注重行为后果的责任担当的责任公民，本身就是现代人的体现和重要标志。加强公民责任建设在人的现代化过程中将起到重要的推动作用。

1. 公民责任是公民道德意识的集中反应和公民道德行为形成的重要环节，是现代道德人格形成的重要体现

公民道德意识是公民在道德活动中形成并影响道德活动的各种具有善恶价值的心理的总称。公民道德意识包括感性阶段和理性阶段。其感性阶段体现为公民对于社会和他人的道德要求而形成的初步的道德责任态度，它是公民对他所属群体的共同活动、行为规范以及他所承担的任务的初步的情感态度。此阶段公民对于社会道德义务形成了一定的责任情感，但并未上升为理性的自觉意识。在理性阶段，公民经过思考而形成更加成熟的道德认知，进而通过道德情感和道德意志形成稳定的道德心理指导个体的道德行动。公民道德责任态度一旦上升为理性的自觉意识，则

成为稳定的责任意识，公民将社会的道德要求内化为自己的心理需求，积极地实践各种道德行为成为自己的道德习惯，理性而自主地践行道德行为是现代主体性道德人格的重要体现。这一心理过程，主要体现在以下三方面：

（1）道德认知阶段的道德责任与个体道德行为的发生

道德认知是指对客观存在的道德现象、道德关系以及处理这种关系的道德原则和规范的认识。个体只有掌握一定的道德概念、道德知识，才能概括地抓住一定道德关系的本质，并自觉作用于这种关系。只有个体道德判断力的提高，才能使个体道德活动的调节具有理性的指导，并能通过对社会活动的道德评价，全面认识自己和他人的道德行为。这一过程是由感性道德认识向理性道德认识的发展。在感性道德认识阶段，个体感受到了外部的道德规范和道德要求，道德责任体现为外部道德义务的“命令”，个体感受到外部要求对他的心理压力，他可以按照他律的道德规范去做，但只是迫于压力，而且“知其然不知其所以然”。在理性道德认知阶段，个体对于规范、原则、要求、行为中蕴含的客观必然性及其逻辑条理的认识逐渐形成。个体把道德现象作为许多规定的总和、多样性统一的整体，在思维中再现出来，形成了自己的道德意识，其内容是关于善、恶、义务等道德观念和范畴，是个体内心认同的道德义务，即道德责任。此时个体根据自己的道德意识选择道德行为，各种道德规范和原则的践履都体现出个体的能动性。

（2）道德情感阶段的道德责任与个体道德行为的发生

道德情感是指人们基于一定的道德认识，对现实生活中的道德关系和道德行为产生的爱憎、好恶、信任、同情、痛苦等内心体验和主观态度。它是个体道德发生的直接心理依据。道德情感在道德实践活动中具有重要的作用：第一，激化作用，即它不仅是道德认识活动发生的诱因，而且是道德认识过渡到道德信念的中介；第二，选择作用，即它能决定道德主体知觉和认识过程的选择性和方向性；第三，评价作用，即它能以某种情绪状态，表明某种道德关系和道德行为是否具有正当性和适宜性。道德情感阶段的道德责任主要体现为道德责任感。道德责任感是指个体对自身在人类社会和自我发展中所承担的责任的一种意识，是对自己在道德活动中完成道德任务的情况是否满足其道德需要而产生的情感体验。责任感是一种高层次的道德情感。个体具有了责任感，就会将有关道德任务的完成情况与自己的道德评价联系起来。当符合要求地完成了任务时，就感到心安理得；否则，就会产生内疚感、过失感或歉意。在人的自我意识已获得高度发展的现时代，道德对个人行为的调节更应着眼于责任感等体现人的信念的更高级的心理机制，使人对道德的遵守出自内在需求，使人的道德行为源于人的理性自觉。

（3）道德意志阶段的道德责任与个体道德行为的发生

道德意志是指人们在履行道德义务的过程中所表现出来的自觉克服一切困难和障碍、做出行为抉择的顽强毅力和坚持精神。道德意志主要表现在执行道德行为的自觉性、果断性、持久性和自制力等方面。道德意志和道德信念是密切联系的。当人们把道德认识变成个人的行动原则，并坚信它的正确性和正义性时，就在内心形成一种坚定不移地实现道德义务的信念，同时也就形成了体现这种信念的道德意志。道德意志是道德行为发展的重要阶段。它使一个人能够对自己提出严格的要求，做出行为的抉择，并在道德行为中坚持一贯，自觉地培养和造就自己的道德品质。道德意志阶段的道德责任，体现为一种道德责任信念。个体已将社会道德规范的要求内化为自己的道德心理需要，个体为了实践自己的道德责任，能够通过发动或抑制某些欲望、动机、情感，调动信念和理想的力量，为实现确定的目的做出积极不懈的努力。这时的道德行为，源于人的坚定、深沉而稳定的道德责任信念，是道德认识、道德情感和道德意志三者的有机统一。

2. 公民责任是公民个体道德意识与社会道德实践互动的中介，有利于塑造积极公民

道德来自实践，又必须回到实践中去，才能达到改造世界的目的。公民道德作为一种社会道德规范要落到实处，必须经由社会道德内化为个体的道德意识，个体的道德意识外化为社会的道德实践的过程，道德责任是这一互动过程的中介。

(1) 公民责任是公民道德内化为个体道德的关键环节

公民道德是反映社会共同利益、意志的规范体系，公民道德具有普遍性、广泛性。道德调节不能仅靠外在的强制力，而主要还是要靠个体的自觉，这就是说公民道德只有内化为个体自觉的道德意识，才能发挥其社会作用。由普遍性的公民道德向个体道德的运动是从一般向特殊的转化，它既要体现社会一般道德要求，又要体现出道德的具体个性特征。任何个体总是处在一定的社会关系中，个体通过参与一定群体而在其中占有一定位置，这种社会位置就是社会角色。为保障社会有序运转，社会对个体必然会提出权利和义务方面的要求，这就是个体的责任规定，这种责任规定是社会道德的具体化，是一般与个别的有机结合。公民道德的具体化是公民道德内化为个体道德的关键，离开道德责任，反映普遍性道德的公民道德或其他社会道德规范就会流于形式，成为空洞的说教，不会取得理想效果。

(2) 公民责任高度关注公民道德行为后果的善恶的承担

我们进行全方位的公民道德建设最终目的是希望公民能够将良好的道德品德付诸实践，从而形成良好的社会风气，为经济建设和社会进步创造良好的社会环境。道德责任既包含了道德应当即行为的应然价值，又包含了对行为结果的关注即行为的实然价值。正是因为高度关注行为后果的善恶承担，使道德责任不同于伦理学的其他范畴，它将道德理想与道德现实紧密结合起来。并

且它总是最直接的反映和指向社会现实对公民的道德要求，因而体现出明显的时代感和现实感。公民责任将公民个人的价值理想与社会道德规范密切联系起来，它使公民的道德信念始终与他在现代社会所要承担的责任相连，这样道德信念就不是仅具有彼岸的价值，而是要高度关注行为的后果。但这又不是像一般的立场选择那样总是只具有当下的价值，而是体现出此岸性和价值一贯性。作为社会最基本道德层次的公民道德，必须突出公民的现实的、日常的、实践的道德行为，公民应该有为自己的行为负责的责任意识，但这应该出自他本人的责任信念，而不是他权衡利弊的当下的立场选择。公民责任将道德信念与道德责任很好地联系起来，可以优化公民道德建设的实效性。

（3）把客观责任转化为公民个体自觉的责任意识是公民道德建设的中心任务

对公民的道德评价、道德教育应围绕道德责任展开。道德评价是指生活于各种现实社会关系的人们，依据一定社会、阶级或群体的道德准则，通过社会舆论、风俗习惯或个人内心活动等方式，对社会中的个体或群体的道德活动做出善恶、正邪的价值判断和褒贬态度。道德评价过程是责任由外向内的运动过程。根据道德评价的主体的不同，道德评价可以分为社会的道德评价和个体自我的道德评价。社会的道德评价把公民的道德责任通过社会舆论、风俗习惯从外部传递给公民，给予一种强制性力量，对于未承担道德责任的行为要给予一定限度的责任追究。当然，社会道德评价的价值信息和准则命令最终要通过公民个体的内化才能发挥作用。因此，要重视公民的自我评价。自我道德评价诉诸良心，最终落脚点是唤起或强化公民个体的道德责任感。道德教育也应该以“学会负责”为中心，有效的责任教育属于现代主体性道德教育，主体性道德教育的核心就是要在自主学习和价值规范引导中，发挥、培养和发展受教育者的主体性，以受教育者的自由为基础，并以民主、理性和开放为特征。这样，公民才会体验到人与人之间利益相关的现实状况，深刻理解相互尊重、相互协调的必要性，切实感到自己所担负的道德上的责任，从而萌生责任动机，履行自己的责任。

3. 公民责任是功利性价值与超功利性价值、工具性价值与目的性价值的统一，有利于公民道德调控体系的建立

所谓道德调控，是指一定社会、阶级或群体，通过社会的力量，采取各种措施，使特定的道德原则和规范、道德价值观念和目标在大众层面上被接受并转化为人们的道德认识、情感、意志和信念，以适应社会、阶级或群体的价值目标的活动和过程。① 我们所建立的公民道德调控体系应以责任为中心。根据道德调控的方式手段不同，可以将此调控体系分为两个组成部分：采取以软手段为主要调控方式的部分和以制度强制力为保证的调控部分。前者，如上文论述的，主要通过精神性力量提高公民对责任的认识、培养公民对责任的感情，从而达到规范公民行为的目的，它包括以责任为中心的道德评价、道德教育等活动形式，高扬超功利性价值与目的性价值。后者，强调责、权、利统一的硬手段，主要指各个领域的以责任为中心的各种形式的责任制，其内容具有功利性，手段具有工具性，但其道德调控的实际效果是毋庸置疑的。两类调控手段取长补短、相辅相成，有助于公民道德调控体系的建立。

(1) 有利于建立覆盖全社会的公民道德调控网络，发挥社会最广泛的道德调控功能

自改革开放以来，各种形式的责任制包括经济责任制、工作岗位责任制相继建立健全，责任制已经普遍存在于社会各个领域、各个部门之中。责任制和道德教育、道德评价一起，使道德

① 唐凯麟编著：《伦理学》，高等教育出版社2001年版，第196页。

调控不再只是宣传教育、思想政治工作部门的事，而是一切社会部门的工作，这样就形成了广泛的覆盖全社会的调控网络。市场经济条件下，社会经济成分、组织形式、就业方式、利益关系和分配方式日益呈现多元化的趋势，相应的人们的思想价值观念也日益多元化，如果没有各个部门的具体工作和具体制度，公民道德建设很难落到实处，很难建立起渗透社会各个方面的道德调控网络。道德调控主体的广泛性是道德具有广泛约束力的前提。由于公民道德的内容十分贴近人们的现实生活，涉及社会生活的各个领域，因此相应的责任制度也必然涉及社会生活各个领域、各个方面。只有这样的道德调控网络建立起来，才能形成强大的道德氛围，构成对个体无处不在的道德引导力和约束力。

（2）有利于政府责任制度的建设，发挥政府在公民道德建设中的引导和示范作用

政府在公民道德建设的全过程中扮演着重要的角色，发挥着指导、规范、统筹管理、示范的重要功能和作用。政府自身以负责任的特征和行为面对公众，“身教重于言教”必然会大大推进公民道德的建设并强化其实际效果。

第一，建立行政问责制，要处理好职权与责任的关系。进一步规范政府责任，对违法失职行为的性质、程度、后果及应承担的责任具体化。对有法不依、执法不严、违法不究甚至徇私枉法，造成严重后果的，不仅要严肃追究负有直接责任的主管人的法律责任，还要严肃追究有关领导的行政责任，把行政执法责任制落到实处。第二，加强监督，建立健全制约机制。对党内要加强纪委和党员的监督。真正发挥纪检机关“铁面无私”的权威，切实保障党员民主监督的权利。对政府，应加强民主监督和舆论监督，并使其紧密结合，发挥综合效应。充分发挥人民代表大会、政治协商会议、民主党派及各种群众团体的参政、议政和监督的职能。第三，改革政府行为考核办法，根除只对上负责不对

下负责的弊端。改革任务指标式的行政执行评估体制，改变主要考核经济指标和其他单项指标的评估办法，建立科学的行政绩效评估体系，对上对下都负责，重点落实在怎样让群众满意。

(3) 有利于弘扬社会道德风尚的公民道德实践活动的开展，发挥群众在公民道德建设中的聪明才智和骨干作用

人民群众是推动社会历史发展的不竭动力，既是道德建设的实践者，也是道德实践的受益者，人民群众在对美好新生活的向往，对高尚道德情操和思想境界的不懈追求过程中，蕴藏着道德建设巨大的积极性和创造性。由于道德责任总是敏感地、具体地反映社会各领域各方面的道德要求，因此在公民群众性的道德创建活动中，道德活动始终与履行公民责任密切相连。"道德之所以是道德，全在于具有知道自己履行了责任这样一种意识。"① 道德责任在社会公德中，体现为由对公共善的价值的承认而选择尊重他人、尊重秩序的负责任的道德态度和行为；在职业道德中，体现为对职业责任的尊重和实践；在家庭美德中，体现为对家庭角色义务的无私承担。因此，在群众性的道德创建活动中无不体现着责任的灵魂。例如，通过"讲文明、树新风"为主题的文明城市、文明村镇、文明社区等的创建活动，培养公民对公共生活的责任意识，使公民对所属城市、村镇、社区等的发展有较强的使命感和明确的责任担当的意识。再如，在服务行业广泛实行社会服务承诺制。明确公布服务内容、服务程序、完成时限、应负责任等标准，向社会公开做出承诺，并公布投诉监督电话，未实现承诺的单位和负责人将受到处罚。这种承诺不是普通意义上的契约，当工作人员郑重其事地许下诺言时，就是将自己的言行纳入自律、德性的领域，是对一般义务的延伸和提高，道

① ［德］黑格尔：《精神现象学》（下卷），贺麟、王玖兴译，商务印书馆1979年版，第157页。

德责任将实现由工具性价值向目的性价值的飞跃。又如，通过“志愿者行动”、“希望工程”、“送温暖工程”等社会公益活动，培养公民对社会中陌生人的尊重、关心、爱护的责任意识。各种创新的道德实践活动层出不穷，强化了公民的道德责任意识，弘扬了社会主义道德风尚，成为社会主义精神文明建设的不竭的动力。

第二章　大学生公民责任的理论内涵

一　理论之思：公民责任的基本理论依据

（一）公民责任的逻辑前提

从辩证逻辑角度分析，一个概念内部有诸多的规定，其中有些规定，是其他诸多规定存在并相互推演、转化的前提，我们称之为概念的逻辑前提。作为一种主体，公民是国家这个政治共同体的基本单位。公民责任的逻辑前提是本体论意义上个体与共同体的关系，它构成了公民责任的逻辑出发点。

共同体理论最基本的观点是从个体与共同体的互动关系上来解释社会制度及其合理性，通过对共同体权力和公民权利的界分和说明来阐释其理论。何谓共同体？匈牙利学者阿格妮丝·赫勒认为，“共同体是可以在其中获得相对同质的价值体系，以及个人必然从属于结构化的和有组织的团体或单位”①。她认为，这里“必然地”包含双重含义，它们因所暗含的社会功能而极为不同。从社会聚合体的观点看，共同体可以是“必然的”：就是说，这是生产单位或管理单位——通常同时为二者——在其中成为共同体，而共同体又在其中形成社会结构的有机的和必不可少的组成部分的社会。在这类社会中，个体必然“出生于”共同

---

① ［匈］阿格妮丝·赫勒：《日常生活》，衣俊卿译，重庆出版社 1990 年版，第 38 页。

体之中；它的共同体的限定在其出生时已预先确定了。还有另一种共同体，那些不是作为社会本质需要的体现，而是作为政治行动或个体发展的派生物而产生的共同体扮演着完全不同的角色，就是说，这种共同体产生于个体在其中有意识地组织共同体并使之在类本质的水平上运转的背景中，通过特定的社会结合而同类本质相关联的自觉愿望和努力。从给定社会的再生产的观点来看，这种共同体并非必然的，但并非意味着它们对社会无关紧要。它们对类本质水平上目标的获得具有结构的帮助，它们表达了共同体成员的个体自我意识，它们树立了价值论层次上的榜样，最后但绝非最不重要，它们提供了生活方式。① 因而，从结合目的来看，共同体可以区分为利益共同体与政治共同体。利益共同体的特点是具有相对永久的、“面对面的关系”，表现形式可以是家庭、氏族、邻里、村庄以及社会。政治共同体则是基于共同的政治目标而形成，如国家和一些具有政治目标的社团、社群等。

从政治哲学诞生那天起，个体与共同体就构成了政治哲学的两极，关于个体与共同体关系的争论就没有停止过。从原子主义与整体主义的争辩，到社会唯名论与社会唯实论的不可融通，再到自由主义与保守主义的纷争，以及当代新自由主义与社群主义的相互诘难，我们都可以看到这一问题的焦点指向。对这一问题的不同认识不仅造成了思想史的各种派别林立，而且对现实的政治生活模式产生了相当大的影响。当我们视共同体为个体不可选择的、必然存于其中的单位时，共同体是个体的自然状态，从个人一出生起，他就生活于某种共同体中，如家庭、宗族、民族和国家等。但是只有在把个人看作是一个独立的主体时，才有可能

---

① ［匈］阿格妮丝·赫勒：《日常生活》，衣俊卿译，重庆出版社 1990 年版，第 38 页。

思考人在共同体中的地位以及个人与共同体的关系等问题。共同体由个人组成，但是不能仅仅归结为个人；个人存在于共同体中，有其独立的、不可还原和取代的价值，所以绝不能将个体视为共同体的一个被动的部件。

在人类思想史上，由于对个体与共同体关系的不同认识，产生和形成了许多迥然有别的理论。古希腊时期智者派的普罗泰哥拉的名言“人是万物的尺度”，将人从神的庇荫下解放出来，用人的眼光而不是神的眼光来看世界，充分张扬了个人主义精神。18世纪英国功利主义者边沁认为，个人是一种真实的存在，社会是一种虚构的团体，不懂得个人就无法了解社会。自由主义思想家遵从的一个核心价值观就是个人主义——以个人作为出发点，将独立的个人看作是共同体最基本的构成单位，并进一步将个人作为哲学意义上的社会范围内的唯一实体，作为存在、价值、权利和道德的真正主体。与对个人的推崇相对应的是，在西方思想史上对共同体或整体大肆推崇的学者也为数可观。古希腊的柏拉图就是一个严格的整体主义者，他要求个人要服务于整体的利益，不论这是宇宙、城邦、部落、种族或任何其他集体组织。部分要为整体而存在，但整体不为部分而存在。在《政治学》中，亚里士多德虽然认为城邦在发生程序上后于个人和家庭，但是主张在本性上先于个人和家庭。而德国古典哲学家黑格尔则依据国家是伦理观念的现实，个人本身只有成为国家成员才有客观性和伦理性的观点提出了整体主义的哲学理论。他指出，“因为个人生来就已是国家的公民，任何人不得任意脱离国家。生活于国家之中，乃为人的理性所规定，纵使国家尚未存在，然而建立国家的理性要求却已经存在”①。对个体与共同体关系理

① ［德］黑格尔：《法哲学原理》，范扬、张启泰译，商务印书馆1961年版，第83页。

解的两个对立面构成了西方两大公民传统：自由主义与共和主义的公民观。

在当代西方两大主要政治思潮——社群主义与新自由主义的争辩中，我们看到，在批判新自由主义的过程中，社群主义者用社会本原取代了自由主义的个人本原。他们认为，新自由主义关于“个人先天拥有一个超验的自我，个人的属性不为其所处的社群决定，而是个人的自由选择最终决定社群的状态”的说法是绝对错误的。在罗尔斯论述其个人的“原初状态”和“无知之幕”时，就特别强调个人与其所拥有的价值和目的的区别。他强调了自我优先于目的。这些处于“原初状态”和“无知之幕”中的个人被假定为浑然无知于任何有关其信仰、规范、地位等信息。这些先天拥有自我的个人所做出的选择，构成了社会生活的内容。社群主义的代表人物之一桑德尔提出了“浑沌无知的自我”和“构成性目的”两个重要的概念来批判罗尔斯的个人与自我观。他指出，从本质上说，罗尔斯的原初状态是这样产生作用的：在我们知道我们将成为特殊的人之前，甚至自我们知道自己的利益或目标或善的概念之前，它就使我们想象我们将要选择的统治社会的原则。这些原则就是正义原则。它们事先设定了一幅图画，设定了我们必须采用的方式。这幅图画就是一个混沌无知的自我，这个自我先于并且独立于目的。这个混沌无知的自我首先描述了我们是什么、拥有什么或想要什么的方式。它意味着，在我所拥有的价值与我是一个什么样的人之间始终存在着差别。对特定的我的目的、企图、欲望等的认同，始终意味着某种主体“我”在它们背后的一定距离之外，“我”的形式先于任何我所拥有的目的与态度。结果是将自我本身置于其经验之外，它消除了我们称为构成性目的的可能性。[①] 也就是说，罗尔

① 俞可平：《社群主义》，中国社会科学出版社1998年版，第45—46页。

斯颠倒了个人与社会的关系。自我不能先于其价值和目的，而是这些价值和目的决定了自我。这些价值和目的不是先天地形成的，而是由社会的历史文化所形成的。任何人都不能自由地选择这些价值和目的，对于个人来说，这些价值和目的是构成性的，它规定了这个人之所以是这个人，而不成为那个人。社群主义者视社会优先于自我与个人，对于批判个人主义确实起到了一定的作用。但是我们也应该看到，不能一味地拔高社群对于个人的决定作用，否则很容易忽视个人的主观能动性，将个人抹杀于共同体之中。分别抓住个体与共同体关系的一极，孤立地看个体与共同体的关系是不能真正把握两者的关系的。必须辩证地看待两者的关系，个体不是完全自足和独立的，而共同体也不能脱离个体而存在。

《现代汉语词典》关于“社会”的解释有两个含义，一是“指由一定的经济基础和上层建筑构成的整体。也叫社会形态。原始共产主义社会、奴隶社会、封建社会、资本主义社会、共产主义社会是人类社会的五种基本形态”。二是“泛指由于共同物质条件而互相联系起来的人群”①。一般而言，共同体是具有相对同质的价值体系的那部分社会，若从社会的第二个含义理解，一个社会就是一个大的共同体。因此，个人与共同体的关系是个人与社会关系的写照。马克思主义认为，个人与社会的关系是社会领域中一个极为重要的理论和现实问题。个人与社会是辩证的统一，两者互为条件，相辅相成。没有离开个人的社会，也没有离开社会的个人。个人只能在社会中生活，社会也不能没有个人而单独存在。马克思所理解的社会，不是与人对立的抽象的共同体，而是与人密不可分的。“社会是人同自然界的完成了的本质的统一，是自然界的真正复活，是人的实现了的自然主义和自然

① 《现代汉语词典》，商务印书馆2002年版，第1115页。

界的实现了的人道主义。”[①] 因此，“首先应当避免重新把‘社会’当作抽象的东西同个人对立起来”[②]。社会，不管形式如何，是人们交互作用的产物。在马克思看来，社会是人进行活动和实践的客观条件和环境。只有在这种客观条件和环境中，人的活动和实践才能得以进行，作为人的人性才能得以实现。因此，“个人相互交往的条件，……是与他们的个性相适合的条件，对于他们来说不是什么外部的东西；它们是这样一些条件，在这些条件下，生存于一定关系中的一定的个人独立生产自己的物质生活以及与这种物质生活有关的东西，因而这些条件是个人的自主活动的条件，并且是由这种自主活动产生出来的”[③]。人生在社会之中，并从社会中获得自身发展所必需的一切手段。社会并不是一种不依赖于个人而独立存在的抽象物，“社会本质不是一种同单个人相对立的抽象的一般的力量，而是每一个单个人的本质，是他自己的活动，他自己的生活，他自己的享受，他自己的财富……社会联系并不是由反思产生的，它是由于有了个人的需要和利己主义才出现的，也就是个人在积极实现其存在时的直接产物”[④]。个人是怎样的，社会联系本身就是怎样的。由此，马克思主义提出了一个著名的论断：社会的发展水平取决于它怎样和在多大程度上服务于个人利益的发展和完善，个人的自由、创造和全面发展是社会进步的最重要的标志。

另一方面，正像人生产社会一样，社会本身也生产作为人的人。人是名副其实的社会动物。马克思指出：个人的生命表现，“即使不采取共同的、同其他人一起完成的生命表现这种直接形

① 《马克思恩格斯全集》第 42 卷，人民出版社 1979 年版，第 122 页。

② 同上。

③ 《马克思恩格斯选集》第 1 卷，人民出版社 1995 年版，第 78—79 页。

④ 《马克思恩格斯全集》第 42 卷，人民出版社 1979 年版，第 24 页。

式，也是社会生活的表现和确证”[①]。“甚至当我从事科学之类的活动，即从事一种我只是在很少情况下才能同别人直接交往的活动的时候，我也是社会的，因为我是作为人活动的。”[②] 这就是说人的本质不是空洞抽象的，它是具体的一切社会关系的总和。马克思主义认为，人绝不是栖息在社会以外的某个存在物。人的自由、发展、创造都是在社会中进行的，是社会的产物和表现。人的个性丰富多彩、追求千差万别、爱好迥然有异，绝不能证明它的非社会性或反社会性。马克思说：“只有在集体中，个人才能获得全面发展其才能的手段，也就是说，只有在集体中才可能有个人自由。”[③] 离开了社会或集体，也就无所谓个人自由。这是因为，人自身的自然存在只能在社会中，只能以作为社会的个人的实际活动为基础。个人的发展，也只能通过个人的社会化，通过人的社会本质的形成，通过人的社会关系的发展才能得到发展。

人只要在世上生活，就不能不同他人和集体发生关系。个人作为共同体的成员，不仅要对自己承担的角色尽到责任，而且也要承担共同的责任。责任，具体地说，作为社会的责任，其完成和追究都是按照个人的角色来进行的，然而在共同责任感之中，存在着联合的意识。同时，在这里还应包含着对共同体的应有状态的伦理反思。这种反思不可能埋没在共同体之中。因此，个人不管其社会角色如何，都能超越自己所属共同体的界限，而进一步感到对于人类整体的责任。目的王国的理念，就是与这种责任感结合在一起的。而且，归根结底，对于人类整体的责任和对于本来自己的责任，是一个东西。因此，各个人通过社会生活，也

① 《马克思恩格斯全集》第 42 卷，人民出版社 1979 年版，第 122—123 页。

② 同上书，第 122 页。

③ 《马克思恩格斯全集》第 3 卷，人民出版社 1960 年版，第 84 页。

会加深作为存在的自我的意识。①

（二）公民责任的政治基础

公民责任的政治基础是指从政治意义上探讨公民为什么可以而且应当承担责任，即公民责任的政治合理性、正当性问题。"公民资格"意味着公民拥有参与国家管理的权利和积极参加公共事务的义务。责任，实际上是对某种行为后果的负担，是一种应负的负担，只有这种肯定的负担才能构成责任。因此，公民责任实质上表现为公民基于权利作为或不作为的自由以及由此而承担的有利或不利的后果。这种对有利或不利后果的负担，实际上暗含着一种国家或社会对公民的强制性，这种强制的正当性，源于国家或社会制度的正义性以及公民对国家政治合法性的认同，二者共同构成了公民责任的基础。

社会制度就是一个包括了经济、政治、文化等全部要素在内的安排与设计的结构模式，这种结构模式的目的在于为人类活动提供有序的安排和稳定的社会规则秩序，从而为社会成员创造出一种令人满意的社会生活样式。制度既是一种秩序规则体系，又是一种价值体系；换句话说，制度是以人为主体而建构起来的用以约束人的行为的规则化结构体系，是为满足人的物质和精神的需求而设计的，体现着人的精神领域的价值和观念，它不仅关注外化的秩序形式结构，而且还注重制度结构体系安排的合理性与公正性。后者即指制度正义。制度正义所关切的正是社会制度或秩序是否符合社会普遍的道德伦理价值以及社会大多数主体对其所处的制度是否有认同感和归属感。制度正义在所有的正义体系中是最重要、最关键的一种正义形态，它上承观念化的正义理念

---

① ［日］小仓志祥：《伦理学概论》，吴潜涛译，中国社会科学出版社 1990 年版，第 59—60 页。

与价值，使观念正义物化为一种制度事实，而制度事实具有规范化、客观化、可操作化和效果评价化的特征。因为制度正义可以保障公民权利的更好实现，所以它与公民的责任构成了密切的关系。罗尔斯认为，用于社会基本结构的两个正义原则“确定了我们的制度联系和人们变得相互负有责任的方式”①。“我们是按照对制度和他人影响我们善的程度的了解而获得对他人和制度的依恋关系的。基本的观念是一种互惠观念，一种以德报德的倾向。这种倾向是一个深刻的心理学事实。假如没有这种倾向，我们本性就会变得非常的不同，而富有成果的社会合作也会变得十分脆弱。”②

在罗尔斯看来，“正义是社会制度的首要价值”③。罗尔斯的“正义”概念是关于“社会基本结构的正义”。这里所说的主要制度就是政治结构和主要的经济和社会安排。而指导社会基本结构设计的根本道德原则，就是在原初状态中各方所选择的两个正义原则：第一个原则：每个人对与所有人所拥有的最广泛平等的基本自由体系相容的类似自由体系都应有一种平等的权利。第二个原则：社会和经济的不平等应这样安排，使它们：（1）在与正义的储存原则一致的情况下，适合于最少受惠者的最大利益；并且，（2）依系于在机会公平平等的条件下职务和地位向所有人开放。④ 罗尔斯认为：“所有的职责都是从公平原则中产生的……如果一个制度是正义的或公平的，亦即满足了两个正义原则，那么每当一个人自愿地接受了该制度所给予的好处或利用了它所提供的机会来促进自己的利益时，他就要承担职责来做这

---

① ［美］约翰·罗尔斯：《正义论》，何怀宏等译，中国社会科学出版社 1988 年版，第 333 页。

② 同上书，第 285 页。

③ 同上书，第 1 页。

④ 同上书，第 302 页。

个制度的规范所规定的一份工作……当一批个人按照某些规则加入互惠的合作冒险，并自愿地限制他们的自由时，服从这些限制的人有权要求那些从他们的服从中获利的人们有一类似的服从。如果我们没有尽自己的一份公平的职责的话，我们就不应从其他人的合作中获利。”[①] 但是在公平原则下，一个人履行一个制度的规范所确定的职责是有条件的。这个条件是：“首先，这一制度是正义的（或公平的），即它满足了正义的两个原则；其次，一个人自愿地接受这一安排的利益或利用它提供的机会促进他的利益。”[②] 第一个条件表明，职责的约束预先假定着正义的制度，制度不正义则无职责可言，强迫做出的诺言从一开始就是无效的，不正义的社会安排本身就是一种强迫，不可能对独裁或专制政府有什么职责可言。第二个条件表明，职责是作为必要的、自愿的行为的结果，是通过自愿做各种事情来承担职责，这种自愿实际上就是对职责的一种自觉。因此，只有在制度本身是正义的且又被自愿接受的条件下，履行一个制度所规范的职责才是可行的。也只有在制度本身是正义的或公平的，亦即满足了正义的两个原则的条件下，公民在没有履行职责时接受国家或社会的强制才是正当的。

公民向公共权力履行责任的另一个重要原因，是公民对政治权力的合法性认同和支持。合法性与政治现象相生相伴，它是指社会秩序和权威被自觉认可和服从的性质和状态。它与法律规范没有直接的关系，只有那些被一定范围内的人们内心所认同的权威和程序，才具有政治学中所说的合法性。在历史上首次把“合法性”作为核心概念进行学理探讨的是德国社会学家马克

---

① ［美］约翰·罗尔斯：《正义论》，何怀宏等译，中国社会科学出版社 1988 年版，第 343 页。

② 同上书，第 112 页。

斯·韦伯。在他看来，由命令和服从构成的每一个社会活动系统的存在，都取决于它是否有能力建立和培养对其存在意义的普遍信念。韦伯认为，“一切经验表明，没有任何一种统治自愿的满足于仅仅以物质的动机或者仅仅以情绪的动机，或者仅仅以价值合乎合理的动机，作为其继续存在的机会。相反，任何统治都企图唤起并维持对它的合法性的信仰”[①]。韦伯从经验事实的视角出发，认为合法性不过是既定政治体系的稳定性，即人们对享有权威者地位的确认和对其命令的服从。他认为，在现实政治中，任何成功的、稳定的统治，无论以何种形式出现，都必然是合法的，而不合法的统治本身就没有存在的余地。这里他把合法性等同于社会公众对政治系统的认同和忠诚的观念。韦伯从经验分析出发，提出了三种类型的合法性基础理论：（1）合理的性质：建立在相信统治者的章程所规定的制度和指令权利的合法性之上，他们是合法授命进行统治的（合法型的统治）；（2）传统的性质：建立在一般的相信历来适用的传统的神圣性和由传统授命实施权威的统治者的合法性之上（传统型的统治）；（3）魅力的性质：建立在非凡的献身于一个人以及由他所默示和创立的制度的神圣性，或者英雄气概，或者楷模样板之上（魅力型的统治）。[②] 韦伯强调，这三种类型的合法性都是理论上存在的理想类型，并不表明事实上的确存在着如此纯粹的合法性，实际生活中的合法性类型都是混合型的，其区别不过是哪一种因素更多一些而已。而且韦伯认为，在现代国家中，统治的合法性基础必然要求以法理型统治为核心，即通过法律程序实现合法化。韦伯的合法性研究受到了哈贝马斯的质疑。后者认为，如果合法性信念

① ［德］马克斯·韦伯：《经济与社会》（上卷），林荣远译，商务印书馆 1997 年版，第 239 页。

② 同上书，第 241 页。

被视为一种同真理没有内在联系的经验现象，那么，它的外在基础——惯例、法律等也就只有心理学意义。合法性信念就退缩成为一种正当性信念，而满足于诉诸做出一种决定的正当程序。而相反的，在合法性信念依赖真理时，仅仅依赖于国家根据系统的合理规则所建立起来的立法垄断和执法垄断，显然是不够的，相反，程序本身就受到要求合法化的压力。哈贝马斯认为：如果不能在行使统治的法律形式之外使统治系统合法化，那么法律的技巧形式本身，即纯粹的正当性，将不能永远保障得到人们最终的承认。[①] 哈贝马斯所理解的合法性包括两个层面的含义：形式的合法性和内容或实质的合法性，他认为二者对统治的合法性是密不可分的有机统一的整体。哈贝马斯给出的定义是："合法性意味着，对于某种要求作为正确的和公正的存在物而被认可的政治秩序来说，存在着一些好的根据。一个合法的秩序应该得到承认。合法性意味着某种政治秩序被认可的价值——这个定义强调了合法性乃是某种可争论的有效性要求，统治秩序的稳定性也依赖于自身（至少）在事实上被承认。"[②]

在现代社会，合法统治应以法理型的统治为归宿。掌握权力的不是统治者，而是法律。法律实质上是对政治权力的限制。它的基本意义是，法律是公共政治管理的最高准则，任何政府官员和公民都必须依法行事，在法律面前人人平等。它既规范公民的行为，更制约政府的行为。现代政治权威的有效建立意味着，政府是人的产物而不是自然或上帝的产物，秩序井然的社会必须有一个明确的来源于人民的最高权威。政治体制不是通过颁布法律

① ［德］尤尔根·哈贝马斯：《合法化危机》，曹卫东译，上海人民出版社2000年版，第127—131页。

② ［德］哈贝马斯：《交往与社会进化》，张博树译，重庆出版社1989年版，第184页。

就必然获得合法性的，也不是按照一定的法律规范活动就必定具有合法性。社会大众对政权的认同和忠诚并非统治者单向作用的结果，更非依靠强力威胁就能达成，而是取决于政治体制的价值与其成员的价值是否一致而定。也就是说，合法性一方面取决于政府的活力，包括国家政权为强化自己的统治地位而运用意识形态的、法律的和道德伦理的力量为自身所做的种种论证，另一方面其更为实质的内容是国家政权在大众当中赢得了广泛信任和忠诚，从而使公民自觉地把对政府的服从当作自己的责任和义务。这就需要政治制度不仅要有合法的外在形式和程序，更要有内在的道义价值。合法性得到公民的政治认同，则公民在社会政治生活中会自觉地信任和支持政府，并自觉地以组织的要求来规范自己的行为，履行自己作为一个公民应履行的责任和义务。

（三）公民责任的社会基础

公民承担责任的社会基础是公民主体地位的确认。因为责任总是和自由密切地联系在一起，只有公民主体地位得到确认，公民才会拥有自由选择的权利，才可能相应地承担责任。正如恩格斯所说："一个人只有在他握有意志的完全自由去行动时，他才能对他的这些行动负完全的责任。"① 自由与责任的关系是怎样的？在伦理思想史上，关于行为选择的责任承担问题曾有过长期的争论。争论的焦点是行为选择的自由和必然的关系。机械决定论者和意志自由论者对此问题各执一端，都不能科学地解决行为选择的责任问题。机械决定论者否认人有相对的意志自由。他们在反对意志自由论的过程中，认为人的行为选择是受外界环境制约的，这种观点坚持了唯物论的立场，却由此走向了极端，否认人能够认识并改造环境，能够利用客观必然为自己服务，实现自

① 《马克思恩格斯选集》第4卷，人民出版社1995年版，第78页。

己的目的，具有相对的意志自由。这种机械决定论的观点，在理论上混淆了因果性和必然性两种不同的范畴。事实上，凡是有原因的并不都是必然的，在事物的发生和发展的原因中，就有必然的原因和偶然的原因之分。在实践上，机械决定论必然导致两种错误的结果：一是宿命论。认为人不要去做什么无谓的努力，听从命运的安排是人的唯一职责。二是把自己的一切行为活动都推给环境、社会或外界的必然性，最终否认了人应该对自己的行为选择承担应有的责任。与此相反，意志自由论者否认人的行为要受环境的制约，受外界必然性的支配，无限地夸大了人的意志自由，把人的选择说成是可以不受任何限制和约束的任意选择，因而也就无限夸大了人的责任。意志自由论否定客观必然性的存在及其对人的行为的制约，是一种典型的唯心主义理论。这种理论在实践上造成两种结果：一是因责任而取消自由。因为对人来说，当自由带来的责任已成为无法承受的负担时，人就必然连这种自由也要逃避了。二是因责任而取消责任。个人什么责任都要负，这就等于什么具体责任都可以不负；人人都有同样的责任，也就等于人人都没有责任。

马克思主义伦理学既反对意志自由论的唯心主义观点，也反对机械决定论的形而上学观点，它科学地揭示了自由和必然的辩证关系。第一，人必须对自己的行为选择负责。在一定程度上，人们可以认识事物发展的必然性，获得相对的意志自由，人们在自由地选择行为的同时，也就自由地选择了责任。行为选择的重大意义之一，就是它包含着责任的因素，将人带进价值冲突之中，使人在多种可能性中进行取舍，并在这种取舍中表现出自身的价值。第二，在行为选择中，人的责任不是无限的，责任的大小取决于行为者自由选择的范围和能力。人的行为既然在客观上要受到外界环境的制约和必然性的支配，就不能把一切责任都推给自由意志。事实上，多种可能性作为行为选择的必不可少的外部条件，本身是社会发展的产物。社会发展水平越高，主体可供选择的范围就越大，可能性就越多，可以作出正确选择的程度就越高；反之，则越低。这反映出人的自由是一个历史过程。从主体方面来看，人的自由选择能力也要受到实践发展的水平、认识深化的程度和社会关系、社会制度的制约，也不是一种纯主观的概念。正是在上述两方面的意义上，可以说人的自由选择的范围和自由选择的能力的统一，构成了人的自由度。人的自由度不是任意的、抽象的，而是具体的、历史的。因此，应当根据人在行为选择时的自由度来衡量他行为选择的责任。正是在自由和责任的这种辩证关系上，我们认识到公民责任的确立必须以公民主体地位的确立为前提，这是一个历史的过程。

第一，现代公民概念建立在社会个体的主体性观念之上。在现代民主国家形成之前，无论是在教会国家中还是封建制和等级制国家里，社会成员或在精神上附属于教会而成为虔诚的教民，或是在政治地位上从属于封建领主而成为国王或君主的臣民。启蒙运动开始为每个个体树立起独立的人的意义，从哲学到政治学，重新建构起一种关于人、社会与国家的理论：社会和国家都是为了人而组成的，而不是相反。必须始终把人当作目的而不是手段来对待。个人在逻辑和道义上都居于优先地位。康德在解释“何谓启蒙”时说：“启蒙就是人从自己的自我招致的教导中解放出来。教导是指一个人倘若没有他人的指引便无力使用自己的理性……鼓起勇气使用自己的理性！这就是启蒙的座右铭。”①正是由于拥有这种理性至上、承认个人主体性，即承认个人应当依照自己的理想塑造自我的观念，才可能在实践中破除封建等级制，创建一个新社会：每一个社会成员不是服从于他人的专横意

① ［德］康德：《历史理性批判文集》，何兆武译，商务印书馆 1996 年版，第 22 页。

志，而仅仅服从于他通过表达自己意志而创制的法律。通过革命与斗争而诞生的资产阶级民主国家正是基于这种平等与自由的价值观来建构的。

第二，普适化道德自主原则的确立，促使社会个体从主观上摆脱传统宗教和政治制度的消极束缚。这意味着，任何个人，无论其社会地位怎样，都有权根据自己的意愿选择追求幸福的道路。15—17 世纪的宗教改革逐渐使宗教信仰变成了一个无须教皇、教会作为中介的私人事务，经过一个漫长的斗争阶段，新教徒的信仰自由和良心自由逐渐得到了承认。康德认为，每个个体都具有道德自主性，权利并不依赖于偶然性的考虑，而是由理性之法所赋予的，更重要的是，所有的人都能得到权利。权利的普遍法则可以这样表达："外在地要这样去行动：你的意志的自由行使，根据一条普遍法则，能够和所有其他人的自由并存。"① 康德认为，文明社会的公民"有三种不可分离的法律属性：（1）宪法规定的自由，这是指每一个公民，除了必须服从他表示同意或认可的法律外，不服从任何其他法律；（2）公民的平等，这是指一个公民有权不承认在人民当中还有在他之上的人，除非是这样一个人，出于服从他自己的道德权力所加于他的义务，好像别人有权力把义务加于他；（3）政治上的独立（自主），这个权利使一个公民生活在社会中并继续生活下去，并不是由于别人的专横意志，而是由于他本人的权利以及作为这个共同体成员的权利。因此，一个公民的人格的所有权，除他自己而外，别人是不能代表的"②。

第三，确立普适化的道德自主原则所引起的一个重要实践结

① ［德］康德：《法的形而上学原理——权利的科学》，沈叔平译，商务印书馆 1991 年版，第 41 页。

② 同上书，第 140—141 页。

果，是社会个体拥有了一个任何人都不能干涉的领域——私域。从狭义上讲，这是一个精神自由的领域；从广义上讲，则是指社会个体有权选择自己的生活方式，即社会个体可以发挥其所有潜力，选择实现自己幸福的道路，只要他不违法。熊彼特曾用简短的语言叙述了私域建立的过程："那些把整个个人都放到超越个人的目的体系当中的陈旧形式消失了，以家庭为单位的个体经济成了他们生存的核心，于是，私人领域建立起来了，它和公共领域相互对应，也可以相互分离。"① 私域的独立存在意味着政治不再是界定社会生活最主要的领域，政治逐渐被缩减成一个仅由规范个体私人行为的抽象而普遍的原则（即法律）所构架的领域，不再像古希腊那样泛化到一切领域而成为一种生活方式，不再是一个规范个体之间关系的空间。私域是一个个体为了维护个性而抵抗国家侵犯的地方。

公民主体地位的确立，使国家不能吞并公民所有的自由，用英国学者马歇尔的观点来讲，主体地位是公民政治权利出现的必要基础，因为公民只有被确认为自主的能动者，个人在政治上能够承担责任的看法才顺理成章。② 18 世纪以降，"自主的公民"观念已经成为一种理性，一种超越于实在法之上的自然法理念。民主法治国家都在确认及保障公民主体性地位的基础上获得了其存在的合法性，它们从不同角度界定国家与公民行使权利的范围，在国家权力作用的领域之外，试图为公民划出一个相对自由的领域：社会。国家与社会的区别在于：前者涉及的大多是一种垂直性关系，无论是权力产生还是权力运用都发生在国家本身和公民个人之间；而后者所有的关系都被假定为"水平的"、"契

① 董炯：《国家、公民与行政法》，北京大学出版社 2001 年版，第 97 页。

② ［英］安东尼·吉登斯：《民族—国家与暴力》，胡宗泽、赵力涛译，生活·读书·新知三联书店 1998 年版，第 248 页。

约规定的”和“权利自由的”。基于公民的自主性地位，国家必须平等地对待公民，必须尊重公民合法的、自己选择生活方式的自由。国家的统治只有在不考虑个人的特别状况、反映公众的一般要求、通过一定框架的抽象原则规范和平等地适用于所有人的行为的基础上，才取得延续发展的合法性。基于公民的自主性地位，公民才有权利和能力自由地选择公共生活的行为方式，并相应地承担每一种价值选择的善恶责任，公民才能够以为自己负责的态度自主地参与政治活动及公共事务，承担起与其社会主体地位相适应的责任。主体地位的确立，是公民运用权力，行使权利，承担责任的必然前提。

（四）公民责任的伦理基础

公民责任的伦理基础是从伦理道德的角度解释公民履行责任的原因，也即道德责任的意义。人为什么要向他人、社会和国家尽责呢？中西方伦理思想史对此都进行了探索和研究。

据第欧根尼·拉尔修记载，在西方伦理学史上，斯多葛派创始人“芝诺是第一个使用‘责任’（kathekon）这个概念的人。从词源上说，责任是从 kata tinas hekein①派生出来的。它是一种其自身与自然的安排相一致的行为”②。芝诺的责任思想强调使个人的行为合乎自然、理性，即遵循宇宙必然性和人的本性。由于情欲是非理性的，而且同人的本性相背，因此以理性抑制情欲便是尽责任的主要内容，个人能尽责任就可达到至善。③ 西方义务论伦理学家康德对道德责任的意义有深刻而独到的见解，他是第一个将“责任”这个概念当成道德的核心概念的哲学家。康

① 希腊语，意思是“对某事尽力而为”。

② 张志伟主编：《西方哲学史》，中国人民大学出版社 2002 年版，第 156 页。

③ 苗力田主编：《古希腊哲学》，中国人民大学出版社 1989 年版，第 617 页。

德认为责任是一切道德价值的源泉，合乎责任原则的行为虽不一定善良，但违反责任原则的行为却肯定都是邪恶，在责任面前一切其他动机都黯然失色。对人来说责任具有一种必要性，也可叫做自我强制性或约束性。德性的力量，不过是一种准备条件，把责任的“应该”转变成“现实”的力量。[①] 为了使人更准确地把握责任在道德生活中的功能，康德把它归纳为三个“命题”。第一个命题：只有出于责任的行为才具有道德价值；第二个命题：一个出于责任的行为，其道德价值不取决于它所要实现的意图，而取决于它所被规定的准则；第三个命题：责任就是由于尊重规律而产生的行为必要性。[②] 康德主张责任来源的先验理性，认为责任在伦理学中具有至高的地位，强调了责任的绝对性和必然性。

我国传统儒家思想虽然没有直接研究“责任”，但是儒家思想中的“义”就含有道德责任的含义。“义”指人类社会活动和人际关系中应当遵循的最高原则和应当追求的最高道德价值。儒家主张“重义轻利”，孔子认为“君子喻于义，小人喻于利”[③]。以儒家伦理思想为代表的东方伦理素有关注人的责任的传统。他主张君子不但自己要坚持以义自律，而且还要身体力行去宣传、推广义，让普天下的人都能感受到义的熏陶，“君子之仕也，行其义也”[④]。孟子继承了孔子“以义制利、先义后利”的主张，他特别推崇道义的价值，表现出某种超功利主义的倾向，“故士穷不失义，达不离道。穷不失义，故士得己焉。达不离道，故民

① ［德］康德：《道德形而上学原理》，苗立田译，上海人民出版社 2002 年版，“代序”第 7 页。

② 同上书，第 15—17 页。

③ 《论语·里仁》，选自《论语》，杨逢彬、杨伯峻注译，岳麓书社 2000 年版，第 32 页。

④ 《论语·微子》，同上书，第 178 页。

不失望焉"[①]。荀子对义利问题的论述较丰富而深刻。关于"义"的内涵，荀子既对它体现人的尊严价值以及反映社会整体利益的本质有所标示，如"义立而王"[②]，"以义制事，则知所利矣"[③]。同时又将义与礼结合，揭示了其具体内涵，如"贵贵，尊尊，贤贤，老老，长长，义之伦矣"[④]，"夫义者，所以限禁人之为恶与奸者也"[⑤]。荀子还指出了义的重要意义，"义"不仅对于制约和规范个人的行为，提高人的道德水平具有重要的意义，而且对于人际关系和谐，形成一种安宁祥和的社会风气也有非常重要的作用，所谓"圣王在上，分义行乎下，则士大夫无流淫之行，百吏官人无怠慢之事，众庶百姓无奸怪之俗，无盗贼之罪"[⑥]。至于个体同共同体的关系，以儒家伦理思想为代表的东方伦理一向注重个体对他人、社会的责任。孔子的"当仁不让"，孟子的"舍我其谁"，张载的"为天地立心，为生民立命，为往圣继绝学，为万世开太平"，范仲淹的"先天下之忧而忧，后天下之乐而乐"，顾炎武的"天下兴亡，匹夫有责"等，无不显示出我国古代思想家对国是民事的崇高责任感。

历史上的伦理学家们从不同角度解释了人之所以要负责的原因，都肯定了尽责、负责的必要性。而马克思主义伦理学对此做出了科学的解释。马克思主义伦理学认为，道德责任是社会的一个客观事实，它的必要性在于社会要求的客观性和必然性来源。

① 《孟子·尽心上》，选自《孟子》，杨逢彬、杨伯峻注译，岳麓书社2000年版，第227页。

② 《荀子·王霸》，选自《荀子》，方勇、李波译注，中华书局2011年版，第162页。

③ 《荀子·君子》，选自《荀子》，第394页。

④ 《荀子·大略》，选自《荀子》，第435页。

⑤ 《荀子·强国》，选自《荀子》，第263页。

⑥ 《荀子·君子》，选自《荀子》，第392页。

这种必然性来源不是无法证实的“天”或“上帝”，也不是抽象的利己心或先验理性，而是在我们客观的社会经济生活中协调人与人、人与社会关系的必要性。马克思说：“作为确定的人，现实的人，你就有规定，就有使命，就有任务，至于你是否意识到这一点，那都是无所谓的。这个任务是由于你的需要及其与现存世界的联系而产生的。”① 马克思主义认为，人类发展的第一个历史事实就是生产满足人们衣食住行及其他需要的资料，即生产物质生活本身。人的需要与动物的需要有量和质的区别。在量上，人的需要多样化、复杂化；在质上，它已不再是动物式的本能的需要，而是一种“被意识到了的本能”。他不再满足于简单地向自然界索取，而是开始带着积极性和主动性利用和支配自然，并在这一过程中不断产生并满足着新的需要，因而人的需要蕴藏着一种巨大的内驱力。需要的不断满足和新需要的不断产生推动历史活动不断进行下去。满足需要的活动使得人与人结成了越来越复杂的社会关系。这种关系在根本上是一种利益关系，会随着人的需要的膨胀变得更加紧张。为了保证人类能合理利用自然所赋予的各种有限条件，以及社会整体及其成员的生存和发展，产生了协调各种利益关系的要求，并且以规范的形式确定下来。个体总是处于一定历史条件和社会关系中的社会人，在社会关系中各自占有一定的地位，必须遵循相应的要求和规范，对个体来说，这就是责任。

道德责任的意义不只在于满足社会发展的需要，而且它对个人还具有超功利性的一面，它既是人们自我发展、自我完善的一种方式，也是发展和完善的内容和目的。人是一种理性动物，不仅有物质需要，而且有精神需要。人的道德需要就是一种高级精神需要，是在人的物质需要的长足发展中逐渐丰富与升华的，是

① 《马克思恩格斯全集》第3卷，人民出版社1960年版，第329页。

对物质需要的超越。道德是人的本质规定之一，它以人的自我立法的形式象征人的特殊存在方式。康德把“心中的道德律令”与“头上的灿烂星空”相提并论，成为人类最为敬畏的东西。对个人而言，道德就是要求人有所承担，“每一个在道德上有价值的人，都要有所承担，没有任何承担、不负任何责任的东西，不是人而是物件”①。一个人有无道德，能不能担负起自己的责任，标志着它是否真正由生物意义上的人转化为社会意义上的人。个体社会化的过程就是不断地在承担责任中实现自我的过程。人的尊严由德性所系，而德性的尊严首先出于责任的崇高。德性的力量就是把责任的“应该”转变成“现实”的力量，即在责任的恪守中提升人的意志的道德力量。一切外在的规则和限制只有内化为个人的道德责任后，才能得到真正而忠实地履行。因此，道德责任具有重要的价值。

总之，道德责任是维系社会存在、维持社会秩序、促进社会发展的手段，也是人生存、发展、完善的方式和目的。它产生于人的生活并为了人的生活而存在。这就是人承担道德责任的根本原因。道德责任具有功利性与超功利性价值、工具性与目的性价值统一的特点，使其既具有重要的理论价值又具备一定的实践意义，构成了公民承担责任的伦理基础。

二　一般性与特殊性的统一：大学生公民责任的基本内容

公民责任是角色责任，大学生公民责任教育的内容应该把握两个核心角色：公民和大学生。首先，公民是一种关系身份，是

① ［德］康德：《道德形而上学原理》，苗立田译，上海人民出版社2002年版，“代序”第7页。

国家根据宪法规定赋予个体的法律身份，并且因为公民个体与国家共同体之间历史的、文化的、政治的、经济的渊源，而形成了相应的行为规范。这就决定了公民责任教育首先应该包括公民个体与国家之间的关系的教育。其次，作为现代人体现的责任公民，应该是维护和推进社会现代化的中坚力量。应该具有现代化的民主法律意识和契约精神，理性地看待和处理公民与国家、与社会与其他公民之间的关系。再次，大学生这一身份深化了公民责任教育的内容要求。大学生将成为国家的建设者和接班人，他们未来将是社会发展的主要推动力量，是社会秩序的维护者和社会文化的传承者。因此，大学生公民被希望拥有面向未来的、有担当的主体意识；具有社会批判与参与实践的行动能力等。概括地说，大学生公民责任包含着一般的公民责任内容以及大学生特殊角色所赋予的特殊公民责任内容。公民责任主要面向公共权力和公共利益，这些责任可以分为一般性的公民责任和危机时期的公民责任。前者，体现为对公共权力的支持性责任、对公共利益的服务性责任。对公共权力的支持性责任包括具有法治意识、政治认同、政治参与、政治监督、公共讨论等责任。对公共利益的服务性责任，包括积极参与社区服务、公益事业服务等责任。后者，体现为对共同体的维护性责任，包括出现公共危机时对公共利益的维护、对公共秩序和民主政治的维护以及战时应征当兵保卫祖国等责任。大学生的公民责任，除了一般性的公民责任外，还突出了社会对大学生——这一特殊的社会角色的伦理期待。

（一）公民责任的一般内容

1. 对公共权力的支持性责任

对公共权力的支持性责任，主要是指公民对公共权力的良性运行及其行政目标的公共利益价值取向负有责任，它强调的是公民对民主政治的义务。具体包括下列内容：

（1）法治意识

法治意识具体包括三方面的内容：一是宪政意识。宪政意识是一种特殊的社会意识体系，是公民对宪政的主观把握方式，是公民对宪政的认识、情感、意志和信念等各种心理要素的有机综合体。宪法是国家的根本大法，是制约国家权力和保障公民权利的至高法典，是约束所有社会关系的最高准则，是普通法律的立法依据。因此，公民对宪法的忠诚和信仰，是法治意识中最为牢固的基础。二是积极守法的精神。积极守法精神包括护法精神、权利主张精神和义务履行精神，公民通过对法律权威的维护和应有权利的主张，使法定权利变为社会现实，并通过对自身义务的自觉履行体现公民对社会的责任和对自己的自律。三是健康的法律心理。公民应具有良好的道德自律心理、积极实践法律的精神和崇法、敬法、护法的法律信仰作为法治的积极的心理基础。法的有效性需要公民的内心认同，需要健康的法律心理做支撑。

（2）政治认同

政治认同是现代民主政治的一个重要概念，是指社会公众对政治主体的一种心理反映和行为表达，是实现社会公众对政治主体认可的重要力量，也是政治主体实现其存在与发展的根本保证。政治认同包含“谁认同”、“认同什么”和“为什么认同”三大要素。“谁认同”，现代政治学认为，只有公民积极参与政治生活才能被称为政治认同，政治认同也是现代公民意识普遍觉醒的产物，因此，政治认同的主体只能是公民。“认同什么”是政治认同的核心问题。由于认同是一种政治归属感，其基础就是政治权威的正当性和正义性，即政治合法性。任何政治力量要获得社会公众的普遍拥戴，目的就是实现其存在的合法性，合法性构成了现代政治力量存在与发展的核心。“为什么认同”，政治认同最根本的原因还是政治权力对人们根本利益的满足，二者成正比。马克思主义认为，人们为了满足自己生存和发展的需要，必然会追求物质利益，而利益的获取必然产生利益冲突，甚至可能会导致社会的无序化、暴力乃至战争。为了防止这种冲突、战争，以达到共同生存，人们普遍认为政治观念与政治行为是其获取资源的良好方式，对政治主体的认同也为其取得政治资源提供了便利，从而使这种认同成为可能。

（3）政治参与

政治参与是指“参与制订、通过或贯彻公共政策的行动。这一宽泛的定义适用于从事这类行动的任何人，无论他是当选的政治家、政府官员或是普通公民，只要他是在政治制度内以任何方式参加政策的形成过程”①。政治参与的特征是：其一，政治参与是公民的政治活动；其二，政治参与定位于对政府决策的制定和实行施加影响；其三，政治参与包括主动型参与和动员型参与；其四，政治参与在法律和制度范围内进行，如现行法律和制度不能满足公民的政治参与需要，就需要改革法律和制度；其五，政治参与应具有平等的属性。现代政治学的共同点是对政治参与重要性的特别关注，认为扩大政治参与的积极作用，在于拓宽公民通向政治权力的途径，对经济增长政策和分配政策施加重要影响。在权威合理化及政治机构分化的情况下，公民政治参与的广度和深度是识别发达政治体制和欠发达政治体制的重要因素，传统社会与现代社会的一个重要区别在于是否存在公民参与的制度设计和通道。

（4）政治监督

政治监督是政治主体之间监视、控制和制衡的一种权力关系，是实现政治分权和权力整合的协调机制，体现了政治系统中不同政治主体之间的权力分立和彼此制衡。这些不同的政治主体

① ［英］戴维·米勒、韦农·波格丹诺主编：《布莱克维尔政治学百科全书》（修订版），邓正来等译，中国政法大学出版社2002年版，第608—609页。

在地位上一般具有相对独立性，监督的方式主要是权力的约束和限制。政治监督的存在，反映了国家权力的非专制倾向和政治民主化的发展。民主政治的本意是公民自己主宰社会的发展，这是相对国家主宰社会而言的。民主政治所确立的基本原则就是公民是国家的主人，这意味着公民的意志和愿望应得到最大程度的尊重，公民的价值取向主导着国家公共政策的抉择，公民的选择能够决定公职人员的政治命运。民主政治的实践表明，民主目标的实现必须通过代议制度，社会的管理最终由少数公职人员承担。民主政治的实质是在制度上确保公职人员在行使公共权力的过程中尊重民意、坚持以公共利益的最大化原则主导公共政策的抉择，杜绝公共权力的非公共运用。而这一切不能仅仅依靠公职人员的觉悟，更为根本的实现途径是制度的约束，通过制度的力量规约公职人员的行为，使其以民为重。这是民主政治的要义，民主政治显然要求公民参与监督，有效的监督才能保证公共权力不异化到公共利益的反面，更有效地保障公民权利的落实。

（5）公共讨论

公共讨论是指公民通过公共舆论对政府行为、公共事务、公共利益等的协商、议论和评价。它能够有效回应文化间对话和多元文化社会认知的某些核心问题。它尤其强调对于公共利益的责任、促进政治话语的相互理解、辨别不同的政治意愿，以及支持那些重视所有人需求与利益的具有集体约束力的政策。公共讨论对民主政治的价值诉求具有重要意义：第一，公共讨论对于政府了解民意，制定反映民意、符合公共利益的政策具有重要作用。第二，公共讨论可以起到重要的舆论监督作用，监督政府行为违反公共利益的表现，防止公共权力对公民权利的侵害及政府权力腐败的发生，促使公共权力以公共利益为依归。第三，公共讨论对于培养维护健康民主所需要的公民品格具有重要作用。在公共讨论过程中，人们通过倾听、讨论和协商，便于理解其他公民思想与经验形式的内在逻辑，学会理解并尊重他们。作为自主的道德行为者，每个公民都可能存在着互有差异的规范信念和责任，公共讨论可以使人们更好地相互理解其期望、关怀与需要。第四，公共讨论能够促使公民形成集体责任感。通过公共讨论，公民看到了个人行为与较大共同体利益之间的联系，更容易形成休戚与共的共同体意识，从而使公民的行为更负责任。第五，在多元文化社会，公共讨论可以促进不同文化间的沟通和理解，从而对创造宽容而富有张力的民主政治文化起到很大的作用。

2. 对公共利益的服务性责任

对公共利益的服务性责任，是指公民低酬或无私地参与社会服务的责任，它是公民的美德体现。具体可以包括下述内容：

（1）以社群服务为主要形式的方便生活型服务

所谓方便生活型服务，是指着眼于公民日常生活中的需求而产生的服务行为，主要是一些低酬服务。社会生活的多样性和人们需求的多元化，使得方便生活型服务种类日渐增多，如社区服务、礼仪服务、家政服务等。虽然都是有偿服务，但由于所服务的事项大都为人们日常生活之必需，所以在一般人心目中，并不把它们等同于直观的买卖关系，而是从中体会出社会的进步和服务带来的方便。它可以使人们在更广阔的天地、更大的幅度、更多的层次上全方位地感受社会全面发展的真实意义。如果再拓展一下，这类服务又可以把现代文明由城市传播到农村，由物质文明过渡到精神文明，由人们相互服务的外在行为引申到人与人之间内在心灵的沟通和感情的融洽。这种类型的服务在社区管理、环境治理、社会就业、家庭生活、社会交往等多方面都有着特殊的功能，对社会的安定团结和生活质量的提高起到了非常积极的保障作用。

（2）以志愿服务活动为主要形式的义务型服务

所谓义务型服务，是指建立在服务者自觉自愿基础上的无偿性服务行为。这类服务具有一个共同的行为准则，就是以为广大公民服务为出发点，为社会的稳定和全面发展做贡献。目前，中国有民政部门发动的社区志愿服务、卫生系统发动的医疗志愿服务、慈善系统发动的志愿服务、宗教团体发动的志愿服务等，其中，青年志愿服务的队伍庞大、项目众多、效果明显、影响广泛。志愿服务在协助政府解决社会问题、满足民众需求、维护稳定发展方面能够发挥积极有效的作用。从西方国家工业化以来志愿服务发展的经验来看，这是社会民间自主、自助的力量推动社会进步、生活改善的重要途径。中国处于社会转型、社会调整时期，对志愿服务具有多样化的需求。应该鼓励各种机构、团体、民间力量，积极发展志愿组织，为社会和群众提供所需要的服务。当前，我国社会上所呈现出来的各种志愿服务，不是个人的偶然性活动，而是集体性的常规性活动，是有组织有规模的活动，是新时期继承和发扬雷锋精神、为人民服务的生动实践。志愿服务及时地满足了人们多方面的需求，填补了政府职能的空缺，充分显示了社会自助的强大的民间力量，同时它还促进了公民道德的培养、社会风气的进步和新型人际关系的形成，增强了社会凝聚力。

（二）大学生公民责任的内容

除了具有一般公民责任的内容，大学生的特殊身份还使得大学生公民责任具有积极公民的特点，更突出主体性人格、通过公民行动来改善社会生活的公民能力以及主动践行德性生活的道德责任感。

1. 主体性人格

人格指人的思想政治品质之尊严和价值，是思想品德结构中的重要因素。人格中的需要、动机、信念、理想、价值观、世界观等倾向性要素，知、情、意、信、行等心理过程，能力、性格、气质、自我意识、良心、主体性等因素，对品德形成和发展具有十分重要的作用。主体性人格指个体作为主体所表现出来的本质特性和独特个性品质。从人格角度而言，主体性是人格素质与品质的总和，包括人的独立性、能动性、选择性、创造性和自主性品格。从个体角度看，主体性人格的形成包含社会道德规范个体化和个体自动践行社会道德两个方面。主体性人格的基本品质有：（1）独立性。人的独立性体现在社会经济、政治、文化和心理等方面。这是人作为主体的前提条件。（2）能动性。能动性是人所具有自觉地、主动地认识和改造世界的特性。这是主体性人格的基本内涵，是人之所以具有主体性的主要根据。（3）选择性。人总是按照“自我图式”发展，总会接受与原有内在“思想道德环境”相一致或相近的社会思想、政治和道德规范，这体现了人思想行为的合目的性。（4）创造性。创造是人在继承已有文化基础上，对已有事物的革新和发展，本质是对现实的超越。（5）自主性。自主性指人能够依照主客观条件和自身需要，最大限度地支配自己行动、主导客观对象发展变化，其实质是主体的自由性。

要正确地理解公民的主体性人格，首先要正确理解和看待“人”。马克思一向主张从人的社会存在（社会关系）方面来了解人，主张用人们的现实存在（生活）去说明人们的意识，而不是相反；坚决反对把人抽象化甚至说成是纯粹的“主观”的精神存在物。秉承这一立场，我们在理解“主体性”时，就要着眼于现实的、活生生的、具体的、历史的人，着眼于这样的人的活动，而不是把主体看作是什么抽象精神或一堆观念在活动。公民的主体性人格主要是指公民在自己的对象性活动中所具有并表现出来的人格特性，例如自主、自为、自律等品质，归根到底是公民的权利和责任的体现。坚持主体性原则，必须科学地确立公民在自己的对象性活动中应有的权利和责任的界限，并使二者统一起来。公民权利和责任都来自主体的实际地位和作用，它们是密切联系、相互规定的。在对象、客体面前，公民主体的权利所在，也就是其责任所在，反之亦然。公民作为现实的主体，既不能在承认对象、客体的客观规律时，否定公民自己的自由选择、创造的权利；也不能将权利和责任分割开来。任何使权利与责任相分离，只讲权利不讲责任，或只讲责任不讲权利，片面强调一个方面的主张，都是对健全的公民主体性的背离。

2. 通过公民行动来改善社会生活的公民能力

德国学者胡贝图斯·布赫施泰因（Hubertus Buchstein）在对各种理论分析的基础上，提出三个层次的公民能力概念，即：①关于政治决策实质的认知能力，主要是指公民政治选择的能力。②关于发现政治决策程序的程序能力，主要指公民对政治程序的接受和利用；程序能力是关于“游戏规则”的，它主要包括两种能力：一方面是知识和策略技能，它们对于在政治制度的规则内达到一个人的目标是必需的；另一方面是按照一个人自己的标准评价政治官员和其他参与者的能力。③集体共有的、以情感为基础的意向，又称为习惯性能力，主要指付诸行为的能力。它包括从知识到行动所必需的那些技能和态度。[①] 英国学者昆廷·斯金纳认为，我们每一个人作为公民最需要拥有一系列能力，这些能力能够使我们自觉服务于公共利益，从而自觉地捍卫我们共同体的自由，并最终确保共同体的强大和我们自己的个人自由。[②]阿尔蒙德把公民能力划分为公民的主观能力和客观能力，他认为公民能力最初是指公民的政治参与能力，公民能力体现为公民对政治生活的广泛参与以及对精英的控制。“一个主观上有能力的

---

① ［德］胡贝图斯·布赫施泰因：《自由民主制度、公民能力与政治美德》，载徐湘林等主编《民主、政治秩序与社会变革》，中信出版社2003年版，第23页。

② 许纪霖主编：《共和、社群与公民》，江苏人民出版社2004年版，第74页。

公民更有可能是一个积极的公民”[①]，公民能力感的强弱直接影响到现实政治生活中的公民能力的发挥。

3. 主动践行德性生活的道德责任感

道德责任，是指道德主体内心意识到的对他人、对社会的道德义务和道德使命以及对自身行为后果的善恶的承担。道德责任本质上是对外在的道德义务的内心认同，它是人们主动意识到的义务，具有良心的成分。道德义务与道德责任，是同一种道德“命令”在人之外和在人之内的两种表现形式。道德责任所包含的道德的内在强制力和道德理性，相对于其他道德规范而言，是最集中、最强大和最多的，也是社会的道德要求和个人的道德信念结合得最紧密的。道德责任在道德规范的整个体系中，是居于最高层次的道德规范。道德责任意识，也成为衡量个人的道德觉悟程度和道德境界高低的重要标志之一。人的德行能力，在相当意义上，取决于人的道德责任意识的能力。

德性生活是自主的生活，也是有意义的生活。德性生活给生活者一致的道德明示或暗示，在过德性生活的过程中，生活者非反思性的选择和行为，因这种生活的惯性而带有正面的道德意义，这种选择与行动一方面给自己以道德暗示，另一方面也为生活者积累了丰富的道德体验，为自己反思性的自主选择奠定了基础。[②] 例如，组织大学生参加各种爱心公益活动，到博物馆、展览馆、爱国主义教育基地、工厂、农村等地，以参观体验的方式强化道德直观与道德感悟。开展拓展训练，借助于头脑风暴和小组互动，通过亲身体验、心得交流、教练导引与总结等形式，提升大学生的道德品质、心理素养和团队精神。这些活动都有助于

① ［美］加布里埃尔·A. 阿尔蒙德、西德尼·维巴：《公民文化——五国的政治态度和民主制》，马殿军、阎华江等译，浙江人民出版社1989年版，第207页。

② 高德胜：《生活德育论》，人民出版社2005年版，第82页。

大学生磨炼意志、丰富情感、完善人格、学会人际交往、增强社会适应力，内化社会道德要求。德性生活通过暗示与非反思性选择这两种机制为个体涵养坚实的道德修养，使个体产生了较高的道德追求，有达到更高道德境界的内心渴望，有助于个体良好道德习惯的形成。

第三章　美国大学生公民责任教育

美国是现代公民教育理论研究的策源地，有众多的学派及其学校实践，不仅对美国本土，也对世界上许多国家的公民教育均产生了广泛而深刻的影响。[①] 美国的公民教育内容涉及道德品质教育、爱国主义教育、法制教育、权利与义务教育、公民意识教育、价值观教育和历史观教育等诸多内容。其中，培养具有公共责任感和道德责任意识的责任公民一直都是其公民教育的重要内容之一。一般认为，美国公民教育的发展经历了五个阶段，公民责任教育一直都是其中非常重要的内容。

一　美国公民教育的历史沿革

（一）独立战争时期的美国公民教育（1976—1826 年）

1776 年北美的十三个英属殖民地在费城召开了第二届大陆会议，会议通过了《独立宣言》，正式宣告了美利坚合众国成立。这一时期的美国公民责任教育主要是为了树立核心价值观、普及知识和树立民主责任感。它的主要内容包括：促进知情的、负责的、人道的公民的发展，增强公民参与民主治理的能力，促进公民对立宪民主价值以及民主原则的认同。1779 年，美国通

---

① 蓝维等：《公民教育：理论、历史与实践探索》，人民出版社 2007 年版，第 204—205 页。

过了第一部宪法，这部宪法奠定了美国民主政治的基础，也成为美国实施公民教育的纲领性文献之一。1790年美国发行了第一本关于公民教育的教科书，在早期的教科书里，公民责任教育主要体现在：要热爱自己的祖国，要对祖国有无私奉献精神，要有为自己的国家牺牲的精神。[①] 在随后的几十年里，美国的公民教育主要是通过学校课堂来进行，内容也主要是为了培养具有良好的道德观念和道德品质，有责任感，爱国的公民。随着社会的文明和进步，人们对公民教育的要求也越来越高，为了给公民教育创造良好的条件，美国政府开始全面负责来办教育。

（二）统一时期的美国公民教育（1826—1876年）

在被美国的专家学者评为美国最杰出的十位总统之一的安德鲁·杰克逊担任总统期间，他励精图治，对美国教育进行了一系列的改革，使公民教育有了很大的发展。这一时期美国的公民责任教育核心内容是价值观的教育，主要内容不再单单是自由、平等、爱国等政治价值观，开始增加正直、诚实、守法、自律、勤奋等“好公民”的价值观。这一时期关于公民教育的范围，美国社会展开了一场大讨论——主要内容围绕是否应该向所有美国公民，包括没有支付教育经费能力的人和美国的外来移民施教的讨论。但直到19世纪70年代，在美国全境内实行公民教育也没有很好地开展起来。能进入公立学校学习的公民仍然只是上层阶级，并且黑人和白人也要分开进行教育。可见，当时的美国公民教育还存在严重的种族歧视。

---

① Orit Ichilov, *Citizenship and Citizenship Education in a Changing World*, The Woburn Press, 1998, 转引自白尚祯《美国公民意识的演变和特点》，《北京青年政治学院学报》2010年第2期。

（三）发展时期的美国公民教育（1876—1926 年）

美国是一个年轻的、多种族的移民国家，开国之初的几届政府在移民政策上疑虑重重，都曾制定过一些限制移民的政策。但随着国内建设的需要，政府逐渐放开了移民政策。根据美国移民研究中心的统计数字，这一时期美国迎来了历史上规模最大的一次移民潮，移民总数高达 500 万人。移民主要来自西欧和北欧，其中爱尔兰人大约 200 万人，德国人大约 170 万人，还有大量被贩卖到美国的非洲黑奴，移民中也有少数来自亚洲，主要是来美国淘金的中国人。为避免外来民族文化对美国主流文化、社会价值观和民主政治带来的冲击，美国政府开始开展美国认同的教育，使这些外来移民能更好地认同美国公民的身份。[①] 美国政府特别注重对外来民族，尤其是青少年开展公民教育。此后，由于受“社会学习”理念的影响，学校教育开始更多地强调要去学习美国历史，学习“公民和政府”的相关知识与价值观念，倡导参与共同体活动，参与“国家事务”，参与社会生活，关注属于个人或公众的社会问题。为进一步推进“有效的民主公民”教育，美国教育协会的教育政策委员会对公民责任的教育目标进行了解释，认为公民责任教育旨在指导个人行使公民权利与履行公民的义务，塑造国家精神。[②]

（四）现代化时期的美国公民教育（1926—1976 年）

20 世纪的二三十年代，美国社会涌现了诸如社会改革和社会进步主义的教育运动，大多数学校都进行了相应的课程规划以加强品格教育。这一时期美国的公民教育强调对美国伟人和历史

---

① 储昭根：《美国移民法案难产的背后》，《观察与思考》2007 年第 12 期。

② 于洪卿：《美国中小学责任教育及启示》，《中国青年研究》2008 年第 5 期。

人物的了解以及爱国集会的参与，注重培养学生的历史责任感，加强品格教育、爱国主义精神的培育和对民主规则的理解等。但到了20世纪六七十年代，美国青少年的道德水平出现了严重的滑坡。文盲、暴力犯罪、以自我为中心，不断衰微的公民责任，这一切越来越引发社会的高度关注。为此，美国政府提出了培育责任公民的概念，其主要内容包括：要承认他人享有法律上规定的各种权利和责任，遵守规则和信守诺言，并且在强调塑造国家精神的同时，也注重发展和创造新生活，承担社会责任。强化学校公民教育的使命，以打造“责任公民”①。

（五）当代美国的公民教育（20世纪80年代至今）

1987年，美国的非政府组织“美国国家学校联合会”向国家教育部提出了“在公立学校塑造品德”的建议，其内容主要是：建议美国各学校加强如责任、公正、关心、诚实等核心道德价值观的教育。1989年，美国促进科学协会又提出了“普及科学——美国2061计划”，计划指出，美国各学校教育的最高目标应该是使学生们“能够达到自我实现和过负责任的生活”。1992年，美国“品德教育协作组织”（Character Education Partnership，CEP）又对“有道德的、负责任的美国人”做了详细的说明：“一个有道德的人是负责任的，值得信赖、勇于承担责任，在做事情时他必须三思而行，他必须坚韧和勤奋，不轻言放弃，不断谋求优异；他必须具有自控力，有纪律；应该经常去关心国家大事，保卫邻里和社区的安全；他必须遵守规章制度和法律，尊重权威，自愿去承担纳税、保护环境和自然资源等责任。”倡导品德教育的主要代表人物之一，托马斯·利可纳教授在他的名著《为品德而教育：我们的学校怎样教育尊重与责任》一书中，

① 于洪卿：《美国中小学责任教育及启示》，《中国青年研究》2008年第5期。

认为学校除了必须教授阅读、写作、算术这三门课程，简称3R课程外，还应该去教授“尊重（Respect）和责任（Responsibility）”相关的课程，简称2R课程。第二次世界大战结束后，国际形势发生了变化，随着苏联的强大，美国感受到了威胁，这一时期培养学生的爱国主义精神和成为能对国家负责任和尽义务的“国家主义”教育成为公民教育的主要内容。“9·11”事件后，美国的“国家主义”，既企图维护超级大国的单边主义，又重新抬头。反映在公民责任教育上，就是更加强调“国家责任”，要求学生要自觉地为国家利益和国家安全服务，并且把品德教育作为美国21世纪教育的核心问题。时任教育部长罗德佩奇的未来规划陈述以及美国教育部《2002—2007年战略规划》中都表示以“国家责任”为中心，仍将是当前美国品德教育的核心价值所在。①

二　美国大学生公民责任教育的核心内容

美国大学生公民责任教育的核心内容包括爱国主义教育、法治教育以及政治参与教育。

（一）爱国主义教育

美国的爱国主义教育内容十分丰富，主要包括五方面：历史教育、国家成就教育、国家忧患意识教育、面向未来的教育和政治观教育。（1）历史教育。美国历来重视历史教育，因为认为历史教育在唤起爱国教育方面发挥着重要的作用。虽然美国是一个年轻的国家，历史并不长，这是其在爱国主义教育方面的一大缺憾。但是美国教育界为了弥补国人的失落感，也为了能够消除

① 于洪卿：《美国中小学责任教育及启示》，《中国青年研究》2008年第5期。

因文化浅薄而产生的自卑感，采用的方法是在注重学习本国历史文化的同时，也注重从西方文化中寻求根源，他们特别重视美国成就史教育。美国虽然只有短短的两百多年历史，但是却取得了举世瞩目的成就，这是美国人产生独特优越感的根本原因，也是学校进行爱国主义教育的非常好的材料。美国把历史教育作为维系整个国家和民族命运与前途的重要纽带，分别根据大、中、小学校学生的年龄特点，对学生进行不同侧重的历史教育。除了成就史教育，苦难史教育也是美国历史教育中重要的内容，通过苦难史教育能让学生们理解今天美国的繁荣来之不易，是奋斗、流血的结果，这样可以使学生更加热爱自己的国家。通过这样的历史观教育就可以培养出学生的爱国情怀，树立起民族自信心以及自尊心。（2）国家成就教育。一个民族在奋斗过程中获得的各种成就，是让后世子孙们自豪的资本，而这种自豪感本身又可以培养后人对创造业绩的祖先们的崇敬，从而使其对国家和民族具有深厚感情。美国作为一个相对比较年轻的资本主义国家，在短短的两百多年的历史中，就创造出巨大的物质财富，并且成为西方世界的主导，其在建国以及发展过程中取得的各种成就，无疑会成为对学生进行爱国主义教育的生动教材。美国没有把其发迹史的全过程都真实地展现在学生面前，而是去精心选取一些举世瞩目的经济和科技成就编成教材，从而向学生展现了一个强盛、民主、自由的美国，培养学生的民族自尊心和自豪感。（3）国家忧患意识教育。美国大学在进行成就教育的同时，也会对大学生进行危机感教育。其目的在于提醒大学生美国的利益、美国的地位、美国的权威正在受到威胁，美国必须保持警惕、要保持国力，这样才可以保证国家利益不受侵犯，最终才能保护每个国民自己的利益不受损害。（4）面向未来的教育。“9·11”事件发生后，一些美国教育界人士就呼吁美国各界，要从小培养热爱美国的公民，要培养科技发明的英才，尤其基础教育要以全面提高教育质量为首要目标，并把坚持以人为本作为教育质量观。他们认为，教育的对象是人，而不是其他别的什么，因此教育要关心人，理解人，尊重人。要提高教育质量，最重要的就是要提高学生的素质。为此，必须夯实基础，加强系统的科学文化知识的教授，同时要重视培养学生的创造力以及动手能力。（5）政治观教育。美国从争取国家独立到成为世界上头号的资本主义强国，一直都在开展政治观教育。其政治观教育，从根本上说是宣传资产阶级意识形态认同，培养有资产阶级民主精神、开拓精神、热爱美国的公民。美国利用一切宣传手段竭力宣扬美国的文化、民主与自由，把美国的政治制度说成是世界上最理想的制度。美国学校的爱国主义教育都承载着这样的功能：介绍美国的政治制度、经济制度，灌输“美国是世界上最成功、最强大的国家”、“当一名美国人比当任何其他国家的公民都要好”等观念。由于美国没有历史包袱，从争取独立到为资产阶级共和国而奋斗，意识形态方面没有经历大的历史分歧，所以美国的爱国主义是与爱资本主义自然统一在一起的。尽管美国社会发展崇尚多元文化，但其主流的爱国主义教育思想的核心内容却保持了长期的稳定性与连续性。资本主义及其优越性的教育、反共产主义教育、公民权利与义务教育、美国国民精神教育，这四方面的教育内容做到了一以贯之，毫不动摇。①

（二）法制教育

美国的公民教育与法制教育关系十分密切，公民教育的一个重要内容就是法制教育，而法制教育的有序开展有赖于良好的公

① 许彩萍：《美国爱国主义教育的特点及对我国的启示》，《杨凌职业技术学院学报》2009年第4期。

民教育。

总体来说，美国大学分为州立大学即公立大学和私立大学，公立大学的规模很庞大，背后有美国政府的各方面资助。私立大学政策的制定基本不受政府部门的监管，不过家长和教师联合会 PTA（Parent and Teacher Association）以及具有专业性质的一般坊间教育机构等会影响学校政策的制定。这种管理方式没有影响美国教育政策的一致性。美国的教育政策，包括各种教育法案的研究和制定是由教育部负责制定。美国各州的法制教育方向和目标是一致的，即培养遵纪守法的好公民。大学生法制教育的内容主要包括法律知识教育、法律意识教育和权利义务教育三方面，内容层次鲜明，且具有明显的政治色彩。

1. *法律知识教育*。法律知识教育是法制教育的基础，美国议会在 1994 年通过的《2000 年目标：美国教育法》提出，学生应该具备一定的法律知识储备和批判思维，并多参加社区服务实践，尽到一个美国公民的责任。可见，美国议会认为，具备一定的法律素养是一个公民服务社会的重要前提之一。学习宪法和法律制度是美国法律知识教育的重要内容。通过对法律基础知识的学习，让大学生最大限度地对美国法律有所了解，做一个遵法守法的好公民。为了强化对法律知识的学习，美国一些州还用法律的形式规定大学生必修《美国宪法》等法律课程。据统计，美国有 80% 的州法律明确规定必须进行美国宪法教育，60% 的州要求学习本州宪法。例如，佐治亚州要求学习《美国宪法》和《佐治亚宪法》，得克萨斯州要求学习《美国宪法》。①

① Karen M. Kedrowski, Civic Education by Mandate: A State - by - state Anlysis, *Political Science and Politics*, 2003, Vol. 2, p. 226.

2. *法律意识教育*。法制教育的目的重在对学生法律意识的培养，为了培养大学生的法律意识，美国大学在选择法制教育内容时，主要遵循两个原则：一是法制教育内容要符合大学生这个年龄段的特点和需求；二是法制教育内容要反映社会现实，并符合社会的发展需要。这样做，一方面使教育内容更容易为大学生所接受，从而达到培养理性尚法的责任公民的目标。另一方面，也为了使大学生在走出校园后能自如地融入社会，并自觉地为维护良好有序的社会秩序而努力。美国大学生法制教育的形式偏重于理论分析和探讨。相对于中小学时期的法律常识教育，大学的法制教育内容更有深度和广度，目的是通过理论的研讨，使大学生了解法律知识的内在联系性和贯通性，从法理层面深化对法律知识的理解，从而在内心深处形成对法律的信仰。此外，美国大学教育鼓励学生广泛阅读，在法制教育方面的体现就是不只教授法律知识，更重视通过阅读经典名著来加强大学生法律理念和法律思维的培养，很多高校在开展法制教育时都会推荐法学经典阅读书目，以增强大学生的法律文化素养。又如，一些高校通过开设人文经典课来引导学生加深关于“正义”、“权利”、“自由”、“权力”等支撑法律制度的深层哲学理念的思考。[①]

美国的大学生法制教育具有鲜明的政治色彩。作为上层建筑之一的法律，其内容必然反映本国的政治特点。从 1917 年开始美国各州就制定了相应的法律，要求学校进行政治教育。学习并熟知美国的政治制度及如何运作，是美国大学生法制教育的一项重要内容。通过向学生介绍美国政治制度，分析制度形成的历史原因和条件，使学生了解政府部门的具体构成，为大学生积极参与政治事务做必要的知识储备。例如：美国大学普遍设置的一门课

① 舒娅娜：《中美大学生法制教育比较研究》，中国计量学院，2014 年硕士论文，第 24 页。

程《制度——社会结构》，向学生传播美国政治制度和社会结构的特点、作用等内容，目的是树立大学生对本国政治制度的信仰和认同感，进而引导学生认可此种政治体制下的美国法律制度。[①]

3. 法律责任教育。美国大学生有较强的法律意识，这是他们维护公民权利、积极承担公民义务的思想武器，也是美国大学实施以法律责任教育为重要内容的公民责任教育的必然结果。美国是一个崇尚自由主义核心价值观的国家，但自由并不是漫无边际的抽象许诺，它意味着必须要严格地依据法律规定的界限来予以选择，法律是平衡自由的重要杠杆。关于这个问题，新自由主义的代表人物哈耶克的观点具有一定的代表性。哈耶克认为，责任在自由社会中具有重要作用。他认为，每个人对他人的责任感是自由社会道德基础的核心。自由与责任是不可分的。他认为，一个自由的社会很可能会比其他任何形式的社会都更要求做到下述两点：一是人的行动应当为责任感所引导，而这种责任在范围上远远大于法律所强设的义务范围；二是一般性舆论应当赞赏并弘扬责任观念，亦即个人应当被认为对其努力的成败负有责任的观念。当人们被允许按照他们自己认为合适的方式行事的时候，他们也就必须被认为对其努力的结果负有责任。[②]

20 世纪 70 年代以后，美国社会提出了“责任公民”的概念，其主要内涵是承认他人享有法律上规定的各种权利的责任，以及遵守各种规则、信守诺言的责任。[③] 在美国，大学生公民责任教育的内容特别注重立足于法律法规，传授如何能够建立有限

① 舒娅娜：《中美大学生法制教育比较研究》，中国计量学院，2014 年硕士论文，第 24 页。

② ［英］弗里德利希·冯·哈耶克：《自由秩序原理》（上），邓正来译，生活·读书·新知三联书店 1997 年版，第 89 页。

③ 张宗海：《西方主要国家的高校学生责任教育与启示》，《高教探索》2002 年第 3 期。

的政府，如何防止无限政府对民主政治的破坏，培养大学生如何具备宪政条件下公民的基本价值、理念和能力，遵守法律并且承担相应的法律责任等。事实上，美国青少年的法律教育，尤其是宪法教育，几乎伴随着美国宪法的制定而产生，并作为美国公民责任教育中非常重要的内容贯穿于青少年责任教育课程的始终。目前美国大部分州的法律都要求学校必须进行美国宪法教学，政府明确要求青少年要学习独立宣言、联邦宪法、人权宣言等内容，强调遵守法律的重要性，强化青少年遵纪守法的法律责任意识。①

（三）政治参与教育

美国的公民责任教育非常重视政治参与教育。他们认为，公民教育实际上就是一个民主社会中关于自治政府的教育。而民主自治政府则意味着：公民主动地参与自我管理。只有当政治共同体的每一个成员参与其管理时，民主的理想才能得以最完全地实现。民主社会中的公民参与必须建立在知情的、批判性思考的基础上，建立在理解与接受和其成员资格相适应的权利与责任的基础之上。美国公民教育的最终目标就是为学生参与公共的民主生活做准备的。例如，20 世纪 80 年代出版的《美国的公民教育》一书指出："公民教育一定要使学生们了解重要的社会和政治趋势；使学生要能权衡和透视地方的、州的、国家的以及国际上的问题；同时使学生认识世界各国蕴涵着相互依存的关系，以及认识发达国家和发展中国家对于加强竞争和同情关系的必要性。"1991 年颁布的《公民教育大纲》和 1994 年颁布的《公民学与政府》全国课程标准，将政府及其职能、政治体制的基础、民主在政府中的体现、美国与世界事务的关系、公民在政治体制中的

① 王琦：《中美青少年公民责任教育之比较》，《首都师范大学学报》（社会科学版）2011 年第 3 期。

地位等方面作为公民教育的主要内容。[①]

美国的大学通过学生的自治管理来培养学生的政治参与能力。学生们通过成立由学生自己组成的群众性组织从而实现自我教育、自我管理与服务，并在“自治”中培养、训练作为一名公民所应具备的自主性、独立性、自律性、道德判断力、创造力和责任感等。美国高校对学生事务管理一直秉承着“学生自治”的管理理念，高校学生自治会是大学生开展自治管理的重要载体。各高校学生自治组织的《章程》明确规定了该组织的职能与目标。南佛罗里达大学的学生自治会的《章程》写道：“学生自治会的职能是真诚地为学生服务，维护每位学生的权力与利益。”[②] 加州伯克利大学学生自治会《章程》中明确写道：“我们作为大学校园内的自治团体，可以通过独立的行动以及在校园内其他团体的支持下有效地参与教育计划的制定和改善、拥有集会和言论表达的完全自由、代表学生参与大学治理、为学生活动提供服务、提高学生的公众意识和对公民权利的关注，以及在章程规定下参与学生所关注的一切问题。”[③] 校方坚持把自己定位为服务与引导的角色，通过开设学生自主服务性项目、设置完备的帮助体系和严厉的奖罚机制等，为学生们创造了一个自由、平等、互信的学习和生活环境，在此环境中学生的主动性和创造性可以得到激发，其能力与素质也得到了非常好的锻炼。[④] 美国多任总统的政治生涯的最初起点都是从大学开始的，例如，比尔·

① 蓝维等：《公民教育：理论、历史与实践探索》，人民出版社 2007 年版，第 206—207 页。

② 吴琼：《美中大学学生自治组织比较研究》，《和田师范专科学校学报》（汉文综合版）2009 年第 1 期。

③ 同上。

④ 薛继红：《美国大学学生自治对我国高校学生管理的启示》，《江苏高教》2013 年第 6 期。

克林顿曾经在乔治敦大学担任学生会主席，老布什也在大学期间担任过学生会秘书长，筹款委员会主席等。

不论其组织结构、产生方式还是例会制度等，学生自治委员会都和美国政府的形式极为类似。就组织结构而言，它也采用三权分立的形式，由行政、立法和司法三部分构成。例如，加州伯克利大学学生自治会每年通过全校学生的民主选举选出25名常任理事，其中5名是主席、执行副主席、外部事务副主席、学术事务副主席和学生律师，组成的行政机构分别行使高校学生自治组织章程所赋予的行政权；剩下的20名构成学生评议会，拥有立法权，所有有关加州伯利克大学学生自治会的重大决策都由学生议员提出议案，并经学生评议会审议才能通过；而司法委员会则对伯克利大学学生会的运作和行政人员的行为行使监督权。[①] 这样的组织结构不仅可以使自治会各机构权责分明和权力相互平衡，达到高效率管理，而且学生可以提前熟悉国家机构的运行机制，为日后融入民主社会打下良好基础。美国学生会主席的产生类似于美国大选，由全体学生成员直接选举产生，选举一般在春季学期举行，任期为一年。选举的过程也和美国大选类似，候选人必须在学校获得一定数量的同学签名支持才能获得提名，获得提名的候选人可以运用自己的财力、物力在学校进行竞选拉票。在很多名校，学生的投票率一般都能超过一半。同时还有各种形式的网络投票，会使学生投票率更高。每次学生会要增加的某些项目的开支都必须由立法委员会同意。此外美国高校学生会每周有例行会议，所有学生会的会议，任何学生都有权进行旁听。

从管理方式上说，美国的大学生自治会完全独立于学校的行

---

① 吴琼：《美中大学学生自治组织比较研究》，《和田师范专科学校学报》（汉文综合版）2009年第1期。

政机构，是作为一个中介渠道——学生和校方或上级部门沟通的渠道而存在的，其行动和资金都是独立的。美国高校与学生法律关系的演变经历了从“代理父母地位说”到宪法论、契约论的转变，20 世纪 60 年代以前，“代理父母地位说”一直是指导美国各高校与学生之间法律关系的基础理论。依据此理论，高校享有代理父母的监护权责，拥有对学生的管教和处罚权。然而到了 20 世纪 60 年代以后，“代理父母地位说”日渐消亡，学生与高校之间的法律关系逐渐转变成了宪法论①，契约论。② 1971 年，美国宪法的第 26 条修正案将公民享有的选举权年龄由法定年龄的 21 岁降到了 18 岁，这意味着年满 18 岁的大学生，就能够享有成年公民的权利，其独立地位在法律上得到了认可。从此，各高校也改变了本校相关的规章制度，学生自治组织在有法可依的环境下获得了很大的自由发展空间，充分发挥着其特有的职能。就经费而言，美国大学生自治组织的经费来源一般有四部分：从学生每学期交的注册费中直接扣取一部分；一部分通过自己拉的赞助获取；一部分由外界捐赠得来，以及一些其他的途径。所以大学生自治会基本不会依靠学校的财政拨款，他们的经济完全独立。由于自治会主要依靠学生交纳的会费运转，因此，它更加明确其为学生服务、代表学生利益的理念，同时学生也把自己真正

---

①　宪法论认为，在当今美国公立高校，学生的身份首先是国家公民，其基本权利来自宪法。美国联邦宪法在其修正案中明确规定，高校学生作为公民，其合法权益必须受到保护，免受政府、高校及其他机构的伤害。州立大学和学院属于政府机构，因此宪法赋予公民的权益关系同样适用于高校与学生间的权利与义务关系，宪法论自然而然地应用到了教育领域。（参见崔晓敏《美国高校与学生法律关系的演变》，《高教探索》2006 年第 4 期。）

②　在美国，契约论进入高校是相对于宪法论而言的，鉴于宪法只保护来自政府机构及其他公益部门的学生的权利，对纯粹私立高校的学生权利却不加保护，在此情况下，私立高校与学生只能通过契约关系明确双方的权利与义务。（参见崔晓敏《美国高校与学生法律关系的演变》，《高教探索》2006 年第 4 期。）

当成自治会的成员。①

三　美国大学生公民责任教育的举措及经验

（一）美国大学生公民责任教育的举措

1. 开设多元化的课程来完善个人道德品质，强化公民责任认知。

（1）通过大力推行通识教育来培养民主社会负责任的公民

通识教育（General education），也译作“普通教育”，是一个内涵丰富和多维度的概念，它是在“自由教育”（liberal education）的基础上发展而来的。美国哈佛大学委员会在1945年发布的《自由社会中的通识教育》（*General Education in a Free Society*）一书中首次使用和定义了通识教育这一术语。按照哈佛大学委员会的定义，通识教育是指“学生在整个教育过程中，首先作为人类的一个成员和一个公民所接受的那部分教育”②。

为了加强学生的公民意识与道德责任教育，培养民主社会中负责任的公民，许多美国大学都积极推行通识教育，传递与自由和民主相关的西方人文主义传统。哈佛大学在通识教育方面一直走在前列。③ 1945年出版的《哈佛通识教育红皮书》成为美国高校进行通识教育的里程碑文献。这本书是由哈佛大学各学科领域12位最著名的教授组成的委员会撰写，以历经两年集体潜心研究发表的《现代社会中的通识教育》为蓝本。在这本书里，通识教育被定义为：学生整个教育生涯中最重要的部分之一，这

---

① 吴兵、董清爽：《美国高校学生会组织研究》，《科技视界》2011年第25期。

② 马骥雄：《战后美国教育研究》，江西教育出版社1991年版，第158页。

③ 巫阳朔：《中美高校思想政治教育比较研究》，中共中央党校，2012年博士论文，第86页。

部分主要是为了把美国的大学生培养成一名负责任的公民。[①] 哈佛教授委员会认为，美国是全世界自由度最高的社会，这个自由社会应该不仅包含自由的价值，更应该追求社会的价值。维持民主的社会需要在保护个人的自由与社会责任之间进行不断的调适，并最终达成共赢。通识教育的倡导者们希望通过通识课程的开设，能够培养学生有效思考的能力，良好的沟通能力、对问题能够做出恰当判断的能力以及对价值的认知能力。在哈佛大学的倡导下，许多大学开设了西方伟大著作和西方文明的通识教育课程，旨在让学生了解与自由、民主相连的西方人文主义传统，探索西方传统的思想和文化精髓，同时让学生研究和讨论与美国文化相连的政治的、社会的、道德的问题。让学生研究和讨论与美国文化相连的政治的、社会的、道德的问题。如杜克大学开设的《伦理探究》公民教育必修课，目的在于培养学生清晰地表达、正确地评价伦理问题的能力，理性鉴别和选择价值的能力，批判地思考个人生活方式和社会行为的能力，从不同角度理解、评价社会正义、善和美的能力；密歇根大学开设了《群际关系、冲突和共同体》这门公民教育的课程，旨在让学生了解文化的多元性以及社会不同群体的生活方式，思考、体验美国民主的方式。[②]

为了更好地把大学生培养成责任公民，通识教育得到了许多州的法律支持，阿肯色州、左至亚洲、得克萨斯州等都把通识教育课程规定为大学生的必修科目。美国各高校的通识教育课程在整体课程体系中所占的比例都不尽相同，哈佛大学、芝加哥大学、哥伦比亚大学等著名的研究型大学开设的通识教育课程较

---

① ［美］哈佛编委会主编：《哈佛通识教育红皮书》，李曼丽译，北京大学出版社 2010 年版，第 40 页。

② 巫阳朔：《中美高校思想政治教育比较研究》，中共中央党校，2012 年博士论文，第 82 页。

多，而且课程质量也比较高。这些大学的通识教育课程的特点在于，不是让学生仅仅掌握一门学科系统化的入门知识，而是要打破传统按学科设置的课程模式，强调培养学生在相关领域的一种能力。因而通识教育的老师们虽然来自相关专业的学科，但是通常有更高的要求，需要学术根基深厚、知识广博的老师才能胜任。美国高校也通过专业教育来渗透公民责任教育，通过思考某一学科的历史传统，它所能涉及的社会经济问题，以及要面对的伦理道德问题来激发大学生去思考去关心一些社会问题，能自觉地接受美国社会主流价值观。这种方法的好处在于一方面能够帮助大学生提升自己的专业素养，从而有能力为社会做出自己的贡献，另一方面也能培育美国大学生们的公共精神。①

（2）为高年级学生开设顶点课程

顶点课程（Capstone course）是美国高校为高年级学生，特别是为临近毕业的学生总结、评估和整合他们的大学学习成果而开设的，长度大多为一个学期，是一门侧重学术主修领域的一种综合性课程。② 它主要是为学生提供一个整合自己态度和观点的机会，为即将毕业的学生们进入真实的世界做准备。顶点课程的开展有以下几个特点：第一，是去重新引导学生们把理论与实践相联系起来，用自己所学的知识去服务一些社区。第二，顶点课程开展的最主要方式是以问题为导向的学习方式（例如，探讨现实世界的一些问题及解决办法，如文化的多元化，全球性的问题，民主的概念等），而不应该是具体的学科。第三，要注重团队的学习，采用跨学科的途径，特别要用在学习型社区上。用协作和互助的学习方法取代了个人项目和个人作业，广泛地去支持

① 巫阳朔：《中美高校思想政治教育比较研究》，中共中央党校，2012 年博士论文，第 88 页。

② 叶信治：《美国大学的顶点课程初探》，《教育与考试》2009 年第 6 期。

那些把基础理论研究和社区服务相联系的学习方式。有一些学者认为，顶点课程是一种终极性课程，是大学生教育生涯里的巅峰体验，他们被期待在这种体验中去整合、拓展、批判和应用在学科领域和跨学科领域的学习中所学习的知识。另有学者认为，顶点课程是大学生在学完一系列课程之后要去学习的一种最精彩、最重要的课程，是大学生从在校生转变为毕业生的“生命礼仪”，它通过学生回顾以前所学知识来了解这一体验的意义，并在此基础上去展望未来的生活。与此类似，还有学者认为顶点课程是大学生从教育到职业的转折点，既应该为学生提供一个对过去学习的类似闭幕式的总结，又应该为学生提供一些新主题的探索，以帮助他们超越现有知识范围，达到一个新的境界，从而能够面对工作领域的挑战。①

总体来说，美国大学开展的顶点课程，主要是培养提升学生的以下四种能力：交际能力、批判思维能力、道德的或社会的责任感以及对人类经验多样性的欣赏能力。波特兰州立大学自1994年开始就要求即将毕业的大学生去参加全校拥有的230个顶点课程中的一个。在本课程中，学生要把以往专业课程内容与社会中的实际问题结合起来通过一份基于小组的项目，以此来完成课程目标要求。其中最受欢迎的顶点课程项目为：移民和难民定居、工程设计和公共关系、申请拨款、小型商业项目咨询。同时，为了能够检验学生能否达到这个顶点课程的目标要求，波特兰州立大学还进行了一系列的评估活动：每年在顶点课程进行到20%左右时就会进行针对所有课程的质量反馈会议。在每一门顶点课程评价的会议中，一个训练有素的指导员首先会进行为时15分钟的本课程教学流程的说明。然后老师留下学生与指导员

① 叶信治、杨旭辉：《顶点课程：高职学生从学校到职场的桥梁》，《中国高教研究》2009年第6期。

进行学生匿名反馈。学生分为小组，每一组对诸多评价问题做出书面回答，且这些回答必须是经过小组成员一致同意后得出的结论。这些问题包括：本门课程是如何有助于你的学习和参加团体工作的？对于改进这门课程，你认为哪些原有固有方式需要改变？对于这些改变你有何特别建议？评价会议之后，指导员总结学生反馈意见并联系老师。他们接下来的对话就围绕回顾资料、明晰任何不明确的反馈意见、商议改进本课程的具体办法及怎样与学生讨论评价结果。评价资料的记录要同时送达顶点课程项目主管处和系课程发展协调人那里，由他们接下来决定顶点课程相关主题以便于改进课程设计。期末课程评价要求学生回答以下两个问题：在顶点课程中你认为最重要的知识是什么？你将怎样改进此课程记录并收集 1500 名学生对此问题的评价意见，反馈给系里以改善本课程。此外还进行个体评价，即对 250 名学生的反馈意见进行随机取样。指导员和系课程发展协调人分别分析反馈结果，根据资料开发新的顶点课程主题，并根据各种主题对评价结果进行分类。通过以上评价活动，使用不同的评价方法使针对本课程的评价连续产生。这样课程项目指导者和课程开发者就可以综合各种因素，对反馈意见加以提炼，并根据具体情况，或对教学过程进行调整和改进，或对目标和要求进行修订。而且顶点课程的评价活动并不仅仅在于验明学生通过课程的学习是否达到了预定的目标，更多强调的是学生体验学习和实践的过程及以学生为主体的自我完善和发展。①

2. 开展社区服务学习，促进公民责任行动。

美国公民责任教育重视用理论和实践结合起来的方法来培养学生的公民责任感。他们常常会把以社区服务为基础的学习融入公民责任教育中去。美国的大学生社区服务令世人称道。美国有

① 叶信治：《美国大学的顶点课程初探》，《教育与考试》2009 年第 6 期。

一个由 75 名校长组成的“公共与社区服务计划”全国性组织。这些校长们达成了共识，认为大学强调个人事业发展和强调志愿服务精神同等重要，为他人服务是学校教育中不可或缺的组成部分。[①] 美国许多高校把社区服务作为其在校本科生教育经历中重要的组成部分，规定每个本科生完成至少一项社区或校内的服务项目。美国社区服务的第一个特点，是拥有渠道多元、途径多样的大学生志愿服务社区体系，使得大学生参与志愿服务社区的渠道和途径有多种选择，参与的方式也丰富多样，可以是学生自发联系，也可以通过学校或者社团集体参与，包括通过网络申请，参加由美国政府资助的志愿服务组织，如美国队（AmeriCorps）、国家和社区服务公司（CNS）等；参加民间环保组织，如美国河（American Rivers）、环保市民中心（Center for Environmental Citizenship）、地球朋友（Friends of the Earth）等；参加宗教团体组织的服务机构，如美国路德教会服务机构（LSA）、天主教志愿者服务网（CNNS）等。

美国社区服务的工作类型也多种多样，除帮助孤寡老年人、清理公园和打扫街道等中国学生常见的志愿服务外，其他服务的内容和形式不胜枚举。如耶鲁大学的社区服务中心的怀特厅每年都安排 1100 名志愿学生到纽黑文社区去服务，其中大部分到医院和公立学校服务，也有的参加为新移民的服务和感化少年犯罪分子的工作。普林斯顿大学的学生义务服务者理事会的成员到城里为青少年作辅导员，访问教养所、精神病医院和养老院。他们还组织数百名有困难的儿童参加“探索大自然”的野外活动。美国雪城大学鼓励高年级学生志愿当新生同伴或朋辈辅导员（peer facilitator）。凡德比尔特大学的健康服务中心组织学生到肯

① 韩树林：《借鉴国外经验开展学生社区服务》，《中国职业技术教育》2005 年第 8 期。

塔基、田纳西和西弗吉尼亚的农村和贫穷社区为居民进行体检，与社区领导人共同研究解决保健和环境保护方面的问题，提供妇幼保健服务等。肯特州立大学的“服务学习办公室”每年要组织1500名本科生参加学校的急救服务。再如，美国弗吉尼亚理工大学与社区伙伴关系中心有着紧密的合作关系，它为学生到当地幼儿园参加社区服务架起了一座桥梁。[①] 美国教育专家认为，大学教育的质量要以学生参与社会、承担公民责任的意愿、能力来衡量。美国作家 Pat Ordovensky 在他的畅销书《大学生活规则》中写道，“大学需要的是贡献者，而不是参与者，有责任感至关重要”[②]。美国大学生社区服务的外延是为了满足社区的需要，表现为服务渠道和途径多元，服务范围广泛，服务内容和形式丰富多彩，这一外延形式直接服从于社区服务的终极目标，有助于大学生提高社会责任感和使命感。

服务学习是社会服务的内涵，美国大学生社区服务的根本目的是培养大学生的社会责任感。将学生自我发展的需要和社会需要结合起来。据了解，美国的大学几乎都建有服务学习机构，在过去的20多年里，已有数以千万计的大学生参与其中，十多万教师和管理人员设立了有效的课程服务计划。服务学习起源于20世纪初的美国，并在90年代发展迅猛。服务学习的理论渊源来自杜威的教育哲学，其中“从经验中学习”、“反思性活动”、“公民责任”、“民主社会”都成为服务学习的重要理念。后来库博的体验学习继承了杜威的思想，此外，服务学习还吸收了人文主义、社区主义和相关学习理论的理论成果。

---

① 韩树林：《借鉴国外经验开展学生社区服务》，《中国职业技术教育》2005年第8期。

② 汤红娟：《美国大学生社区志愿服务的启示》，《社会科学家》2013年第11期。

服务学习的出现与美国的社会历史传统和不断的教育改革有直接关系。服务学习从志愿者服务和社区服务演变而来，由志愿服务与教育相结合，逐步演变为教育改革运动。对教师来说，服务学习是一种把社区服务和理论教学相结合的教学方法，它着眼于批判性、反思性思维的培养和公民责任的养成。通过教师精心设计的服务学习计划使学生志愿从事能满足当地需要的有组织的社区服务，培养学生的技能、公民责任意识并承担社会义务。它可以满足社会的实际需要、协调社区与学校的合作关系，并与学生的学术课程相结合。此外，服务学习课程可以使学生将所学知识和技能运用到社区实际生活中去，通过把学生在教室里所学的知识和初步掌握的技能延伸到教室之外，增进他们对这些知识的理解，并有助于培养学生的社区精神。服务学习的两个基本点是满足学习需要和社区需要，其服务活动必须与学术内容整合于一体，是学术性知识和技能的社会生活应用。不难看出，服务学习是一种经验教育的模式，它通过有计划安排的社区服务活动与反思过程，完成被服务者的目标需求，并促进服务者的学习与发展和服务者综合素质的提高。美国学生可以根据自身的学术计划参加不同类型的服务学习，如学术服务学习、课程服务学习、辅助课程服务学习等。

服务学习的范例是弗吉尼亚理工大学工程学院开展的罗西项目。工程学院教师认为，让新生了解工程的最好方法是“把鱼儿放回水中”，即让学生进入所在社区，解决社区面临的实际问题。在罗西项目中，学生们被分成小组，每个小组接受一个社区合作伙伴提出的任务，在一个学期内运用课堂上所学的知识来完成任务。例如，为食品店设计检测食品营养价值的系统、修理计算机等。另外，该校每年还组织名为“参与”的展览会，展示一年来学生参与的社区服务项目。又如雪城大学的写作课程很好体现了“社区服务”和“学术学习”（academic study）的整合，即把“学会服务”（learn to serve）和“在服务中学习”（serve to learn）两种实践有机整合起来，将学生两人一组分到社会各个家庭服务，帮助和带动被服务家庭的儿童参与写作过程，凸显“反思”与“互惠”这两个服务学习的中心要素。这个项目主要以社区为基础的学习为核心，学生们要和社区的管理人员一起工作，然后以非营利的方式，提出这个社区存在的问题并且提出解决的办法，然后把这些问题和解决办法写下来交给乡镇管理委员会或者口头向市长陈述。所有的学生都必须在他们毕业的那一年完成这个项目。此外，大学生们也可以关注当地的或者也可以去关注全球的问题，但是他们必须写一篇能反映他们批判性思维的或者为解决这个问题所做的努力有重大社会意义的论文，如果有可能的话这些也可以发表。①

下面是美国教育者为一些大学专业总结出来的适合服务学习的例子。例如，20 世纪丑闻的分析（待分析的丑闻包括有毒废物的丢弃，政治腐败，挑战者号航天飞机的灾难，性骚扰等）；关于社会资源的分配方面：经济政策的制定和社会稀缺资源的分配以及如何对这些政策进行检验；关于当代社会和道德问题的看法方面，例如，关于平权法案的讨论（平权法案是 60 年代随着美国黑人运动、妇女运动兴起的一项政策。由美国总统约翰逊在 1965 年发起，主张在大学录取学生、公司招收或晋升雇员、政府招标时，应当照顾少数种族和女性。目的就是扳回历史上对黑人和女性的歧视，把他们在历史上受的委屈折算成现实的利益。）②，福利政策的讨论等；文化方面，可以关注文化的多样性，对于主流的或者极少数的公民身份的观点进行比较。选修心理学课程和写作类课程的学生可以举办一个关怀社区老人的活

① 汤红娟：《美国大学生社区服务的启示》，《社会科学家》2013 年第 11 期。

② 朱宇航：《补偿不来的正义》，《大科技（百科探索）》2007 年第 7 期。

动，他们可以在整整一个学期内通过周期性的访问返乡的老年人，来了解老年人的生活状况，并为这些老年人写一篇简短个人传记；选修文学课的大学生可以为高校的老师、当地社区的居民等共同办一个图书俱乐部，大家可以定期进行阅读交流；选修环境研究学专业的学生可以和选修政治科学专业的学生联合起来组成一个团队，可以通过收集历史信息并且要去和可能受到影响的社区成员们进行会谈。

例如，耶鲁大学医学院在20世纪80年代联合康涅狄格州的纽黑文市，即耶鲁大学所在地的警官、儿童福利院的工作者、社区积极分子开展了一个名为“儿童发展以及社区安保的项目”（Child Development and Community Policing）。这个项目做得比较成功，在美国社会引起很大反响。① 20世纪80年代末，康涅狄格州的纽黑文市曾饱受高犯罪率以及高死亡率的困扰，为此耶鲁大学联合当地社区开展了这个项目。由于这个项目开展后所取得的良好的社会效果，美国司法部为项目提供了财政支持，使得这个项目已经由纽黑文市扩展到了全国。在耶鲁大学的帮助下，如今已在全美超过十个城市以及国外的一个城市开展了这个项目。当然美国大学开展的社区服务不仅仅局限于城市地区，也在农村地区开展了一些比较成功的项目，例如西弗吉尼亚大学医学院面向西弗吉尼亚的农村地区开展了一个名为“医疗服务和转诊制度的项目”（Medical Access and Referral System），农村的医师们可以在遍及全州的十个服务点向西弗吉尼亚大学医学院的专家们请教咨询，可以为处于偏远地区的病人们提供身体检查及健康资讯。同时，这个项目还提供了包括医药学、护理学、配药学、微

① Thomas Ehrlich, *Civic Responsibility and Higher Education*, Rowman & Littlefield Publishers, 2000, p. 120.

生物学、牙医学科等多门学科在内的继续教育培训项目。[①]

在美国，服务学习不属于任何一门课程，美国的教师从来不以一种方法来教授所有服务学习的课程，而是为每一种服务学习找到适合自己的方法。通过服务学习使大学生更好地做了承担社会责任的准备。包括了解社会和政治信息，关注社会热点问题，促进对社会和公众事务的理解和直接参与。研究表明，服务学习对促进学生的社会责任感有积极作用，94%参加服务学习的学生认为，服务学习教会了他们怎样与同伴和教师相处得更好及怎样在一个集体中工作得更好，帮助他了解社会及怎样使社会变得更好。在人际关系改善方面，它使参与的学生对待他人更友善，信任他人和被他人信任，80%参与服务学习的学生认为他们对社会做出了贡献。[②]

3. 发挥大学校长以及社区事务办公室的作用，增强大学生公民责任教育的执行力

在美国大学，校领导包括校理事、教务人员、各学院院长。尤其是校长，会在大学参与社区事务培育学生公民责任时发挥着重要的作用。他们认为，校领导在当地的社区是非常有影响力的人物，他们会为当地的董事会服务，会在公众以及私人场合发表演讲，会举办一些论坛以及在媒体上对当前的热点问题发表评论，如果校领导尤其是最高领导能够参与学校组织的社区服务项目，将会使学生更好地参与社区活动，使得整个项目产生显著的效果。例如菲尼克斯的马利柯帕社区大学的校长保罗·埃尔斯纳，他开办的马利柯帕社区大学致力于同社会各界包括商业团体、政府机构、非营利机构以及其他教育组织合作，并且学校开

---

① Thomas Ehrlich, *Civic Responsibility and Higher Education*, Rowman & Littlefield Publishers, 2000, p. 110.

② 赵希斌、邹泓：《美国服务学习实践及研究综述》，《比较教育研究》2001年第4期。

办的大部分课程面向当地所有的居民，还为周边社区的居民和在校学生开办了健身中心，他开办的快速入职培训项目和为想要探索更多职业选择的职工提供实习的项目在全美都小有名气，这一系列成果使得他开办的学校被称为“无边界校园”[①]。为了更好地提高马利柯帕社区大学的学生对于社区事务的参与度，保罗·埃尔斯纳1997年还专门成立了处理社区事务的办公室，而且这个办公室就在他自己办公室的旁边，在这整整一年里，这所大学的数十个学院参与了数以百计的社区服务项目，这些项目包括：社区合作关系（青年培训计划、青少年暑期计划）、扫盲项目、为期一天的服务（打扫日）等。另一个在推行学校社区化服务方面取得卓有成效的大学校长是在全美排名第89位，位于美国康涅狄格州哈特福德的三一学院校长埃文·多贝尔，他在任期间，一直致力于推行“街区复兴计划”（neighborhood revitalization），在这个计划里，他通过筹集2000万美元要把学校周围的15个街区，转变成以科技和医疗为主题的商业、教育和住宅社区。这个计划包括一个校园学习走廊、一个儿童服务中心、一个职业培训中心和一个健康和科技中心等。这样就把学校学术课程和社区服务紧紧地联系起来了，使得学生们在校园里就能耳濡目染，自己和公共事务密切相关。[②]

此外，为了更好地适应大学与社区建立的越来越紧密联系的这种趋势，美国大部分的城市里的大学都建立了专门社区事务办公室。而且这些办公室也发挥着越来越重要的作用。他们对教学方面的作用很少，通常扮演的是处理公共事务，公关以及连接城镇和大学师生的角色。他们有时候会处理校园安全和当地警方间

① Thomas Ehrlich, *Civic Responsibility and Higher Education*, Rowman & Littlefield Publishers, 2000, p. 179.

② Ibid., p. 112.

的交涉，会安排校长进行公众演讲以及偶尔地组织大学师生对当前热点问题发表评论。通常情况下，社区办公室的主管都是由大学自己的教职员工担任，他们通常扮演的是社区联络人和开展以社区为基础的学习的负责人。这些主管会为教师们提供大量的培训项目，会为学生们找到一些合适的社区合作伙伴从而使学生们有学习的机会，然后还会对学生的学习效果进行评估。

4. 辅助宗教这个隐性的力量来凝聚民族力量，培养道德责任意识

宗教一直在美国思想政治教育中起着非常重要的作用，虽然美国是世界上最早的政教分离的国家，但是在美国，几乎全民信教，约有94%的美国人声称自己信教，大约有40%的美国人认为，宗教在他们生活中起到至关重要的作用。宗教渗透到美国社会的各个方面，当然教育也不例外，在美国几乎所有的私立学校都开设宗教课程，少则每周2—3节，多则每周4—5节。宗教教育是凝聚民族力量，规范公民行为举止，培养公民道德责任意识的主要手段。

宗教教育在美国大学生公民责任教育方面的作用，主要表现在以下几方面：首先，能引起美国在校大学生的精神的共鸣，这种精神的共鸣主要体现在遵守道德伦理、坚持爱国主义信仰和对现实世界的责任感三个方面。在伦理道德方面，它通过教义为民众提供一种价值规范，它认为所有人都是上帝的子民，人们之间应该平等互爱，团结互助，与人为善。此外宗教教育所提倡的道德规范也为社会提供了一种公平、自由、平等的价值评判标准，将民众的思想统一起来，进而协调民众行动，实现人民群众的认同感和归属感。在培育爱国主义信仰方面，宗教也发挥了重要作用。对上帝的信仰将会使你成为一个更好的公民，永远不去颠覆政府的统治。在对现实世界的责任感这个方面，宗教告诉他们你们来到世界有两个目的，一是你要让自己变得更加优秀，二是要

去帮助你周围的人们，要让周围的人因为你的存在而变得更加美好。正是因为坚持这些信仰，所以美国的大学生形成了较为积极的公民观，认为每个公民除了要对自己负责外，还要对现实的世界负责。自己要积极参与现实世界的事物，为现实世界贡献出自己的一份力量。①

其次，宗教的作用表现在对美国社会的整合作用。美国是一个移民的国家，是一个大熔炉。宗教是各个民族之间的纽带，通过宗教可以使美国各个民族经历从文化整合到民族认同。②

最后，宗教具有规范引导作用。当今美国的宗教越来越摆脱传统的空洞说教，而着重关注当今世界的现实问题，并力图把现实世界中一些美好的世俗规范，如仁爱、乐于助人、尊老爱幼等美德神圣化，是宗教使这些道德准则变得更加具有说服力。在此基础上产生的宗教伦理和道德观念，直接约束着民众的现实生活，增强了美国公民的公共精神与道德责任意识。③

（二）美国大学生公民责任教育的经验

1. 大学要与社区建立一种密切而灵活的互动合作关系，从服务社区入手发挥大学服务社会的职能，强化大学的社会责任。

一个双方合作的成功的项目是建立在共同承担责任与共同参与的意识上，而不是大学机构把所有事情都自己接管。为更好地监管大学与社区的合作，美国很多地方建立了行政机构，组成人员包括公民和社区领袖、机构代表、学校的教师和官员、当地的神职人员、执法机构、媒体，以及商业和慈善事业的领导者等。

---

① 唐荣双：《试论美国宗教教育在其思想政治教育中的作用》，《经济与社会发展》2004 年第 5 期。

② 同上书，第 76 页。

③ 唐荣双：《试论美国宗教教育在其思想政治教育中的作用》，《经济与社会发展》2004 年第 5 期。

这个机构要负责推动学校参与社区事务，提高大学生担负公民责任的使命感。大学要多和社区互动交流，找到社区真正所需，有针对性地安排大学生运用自己的所学参与社区事务，为社区服务。

美国的大学在社会具有很强的影响力，在解决社区问题上大学也发挥着重要作用。大卫·马修斯，凯特林基金会的主席，他建议大学和学院应重新定位自己的公共生活，一方面要在自己的校园内创造更多的公共区域，这些区域要为拥有民主思想的公民发挥自己的才能服务。另一方面教育机构要发挥自己在协商社区所面对的严重问题时的号召力，这些问题包括毒品的滥用，社会公共福利，平权法案和经济的发展等。参与者应该包括公民领袖、公务员、社区联络员、项目引导者、宗教领袖、当地商人和媒体的代表。创造一个公共的区域不仅需要机构去花费人力和物力资源，而且还需要发展与外界的联系，要在解决社会问题上起到积极作用。例如，巴尔的摩马里兰大学医学院为美国的贫民区，尤其是非洲裔美国人社区建立了医院，并且建成了比较完善的医疗体系，为当地社区提供了人力支持，并且还和许多由少数民族开办的公司达成了合作的意向。为了更广泛地去扩大这种影响力，这些医院雇用了许多当地社区的居民，而且和当地少数民族拥有的公司以及医药供应商建立了联系。①

美国的大学也充分利用自己现有的公共资源，为社区公共事务的开展提供便利。大学可利用和可使用的资源包括（运动场和设备、图书馆、宴会大厅和食物的提供、学校的教堂、教室、巴士的提供、电脑和远程交流系统），重大事件的邀请（例如电影节、剧院演出、音乐会）等。通常这些公共场所只提供给教育机构内部使用，但有时他们也会因为特定的原因，免费为当地

① Thomas Ehrlich, *Civic Responsibility and Higher Education*, Rowman & Littlefield Publishers, 2000, p. 174.

社区或公共学校使用设施和举办活动。

2. 发挥学生的主动性和创造性，塑造他们积极行动、服务社会的责任品格。

美国历史上志愿者服务非常普遍，只是大多数学生志愿者服务机构已经由学生社团直接组织，不受大学的行政机关管理，美国的教育机构只是通过学生公共事务办公室来协调学生的志愿者服务。美国教育界有这样一个观点，学生应该被看作是公民活动强有力的催化剂。例如，1992 年新泽西/罗伯特伍德约翰逊医学院的医学和牙科的学生们开展了一项名为 HIPHOP 的项目（无家可归和贫困人口的健康推广项目），这个项目主要是为了解决新布鲁克林的社区居民的健康问题。他们着手解决了布鲁克林当地居民，进行初级预防卫生保健所遇到的困难。这些困难有语言障碍、文化隔阂、资金短缺以及时间的限制。这个健康推广项目的主要内容包括进行出诊和临床诊治，每月要进行主题讲座，例如如何提高免疫力、如何防止铅中毒、如何保障居家安全以及艾滋病的防治等。和他们一起来完成这个项目的合作伙伴还有：三个主要的卫生保健诊所，社会服务体系的董事会，学校的行政人员，当地城市的办公人员以及当地的救济中心。但项目主要的组织者还是九个大二的医学院的学生。学生们还雇用了自己的员工，建立以学生和老师为主的董事会，这个董事会把这个项目和大学联系在一起，从而确保这个“无家可归和贫困人口的健康推广项目”能够正常地运作。① 他们认为要尽力发挥大学生的主体性，只有当大学生的观点受到尊重并得以实施时，学生们责任公民的特性才会被激发出来，他们才可以为教育机构提供有价值的、创造性地解决问题的措施。把问题呈现在学生面前，邀请他

① Thomas Ehrlich, *Civic Responsibility and Higher Education*, Rowman & Littlefield Publishers, 2000, p. 119.

们去创造性地解决问题，可以产生意想不到的结果。

3. 大学的领导者应该具有创新性、拥护性和典范性的精神。

美国教育家沃肖克在《社区参与的组织结构》（*Organizational Structure for Community Engagement*）一文中指出，回顾以往比较成功的社区参与活动，大学领导人的智力支持和政策扶持往往是最重要的元素之一。新英格兰高等教育资源中心总结出了一个能成功地组织学生参与社区活动的领导者必须具备的品质：具有创新精神，具有拥护倡导精神以及具有象征性符号作用。

所有关于提高大学生公民责任感的项目的实施，创造性思维都是必不可少的。例如，前述罗埃尔斯纳校长，他创造性地开办了号称“无边界的大学”的马利柯帕社区大学，使得学生从入学开始就能融入当地社区，参与当地社区事务，在耳濡目染中让学生们感受到自己也是社区的一分子，要有把社区建设得更好的愿望。这样当学生们离开大学迈入社会时，也会积极地参与国家的事务，努力把国家建设得更加美好。除了创新性的想法，这些公民责任实施项目还需要有拥护精神的领导者的支持。这些具有煽动力的领导者可以是校长，也可以是院长乃至教务工作领导。他们会在整个项目推进过程中扮演着催化剂、联络人、帮助者和推动者的角色，对项目的成功起到重要的辐射影响作用。最后，具有典范作用的领导往往会通过整合资源，来巩固自己在对学生进行公民责任教育时所取得的成果，对周边大学的公民责任项目会产生具有号召力的示范作用。正如康涅狄格州哈特福德的三一学院校长埃文多贝尔，他在任期间致力于推行“街区复兴计划”（neighborhood revitalization），取得了很好的示范作用，变成了全美高校的一个典范，使得周围的学校都开始向他们学习。[①]

① Thomas Ehrlich, *Civic Responsibility and Higher Education*, Rowman & Littlefield Publishers, 2000, p. 112.

第四章　德国公民责任教育

一　德国公民教育的历史沿革

德意志民族对于世界教育（包括）公民教育的发展，有着不可磨灭的诸多贡献。德国不论在教育思想和教育制度方面，都对世界各国产生过很大的影响。在西方教育史上被誉为第一部具有科学体系的教育学著作，是举世闻名的德国教育家赫尔巴特的《普通教育学》。最早明确提出和积极提倡“公民教育”，并发表公民教育专著的，也首推德国学者和教育家凯兴斯泰纳。①

早在民族国家正式形成之前，德国就有着重视公民教育的悠久传统，历代统治者都十分重视对民众的公民教育。就像德意志国家的历史一样，德国公民教育的历史也长期处在不断地演变之中。伴随着每一次社会结构的变革与政治秩序的更迭，公民教育的目的和任务也变幻不定。它经历了从帝国的建立到纳粹独裁统治，再到东西德时期，最终重新走向了统一国家。不同时期的公民教育，形成了不同的公民教育思想和实践体系，适应并服务于统治者不同的政治目标和政治任务。如封建君主专制时期以培养忠君爱国的臣民为目标的“国民教育”、魏玛共和国的“基于国家和民族的政治教育”、纳粹时期国家至上的“政治教化”以及

---

① 蓝维等：《公民教育：理论、历史与实践探索》，人民出版社 2007 年版，第 186 页。

第二次世界大战后德国的“民主政治教育”。

（一）封建君主专制时期的臣民教育

19世纪中叶，开始现代化进程的德意志民族面临的首要任务，是在封建土邦分立的基础上建立统一的民族国家，民主政治建设相对而言居于次要地位。普鲁士的专制主义、强权思想在德国意识形态领域影响十分强大。1871年德意志帝国成立，德意志帝国是容克——资产阶级专政的国家。德意志的统一道路决定了国家的君主主义、容克主义和军国主义的特征。

在这种封建君主专制的制度下，“臣民型”政治文化得以持续，公民教育的根本目标是培养对帝国顺从而忠诚的臣民。从政治体系结构而言，这一时期容克贵族的统治地位得到巩固，普通民众被排斥在政治体系之外，除了服从“精英统治”的政治安排，民众没有参与社会政治生活的权利。这样，国家以培养顺从而忠诚的臣民为目标的国民教育大行其道，最终在帝国内形成了“权威崇拜”的政治观念，其根本的价值取向是纪律、责任、服从，义务型臣民教育思想从此根深蒂固，影响了德国政治文化的发展。

1872年，德国制定和公布了《国民学校和师资培训学校的管理规章》，这个规定大大促进了国民学校和中间学校的发展。国民学校和学生的数量成倍增加。1872年的教育法彻底改变了19世纪50年代的狭隘实用主义观点，削弱了宗教影响的主张。学校教育开始强调臣民对国家的忠诚与德意志精神的培养。19世纪末，随着资本主义向帝国主义过渡，德国开始在学校教育中加强帝国主义、军国主义和沙文主义的教育。学校中的这种帝国意识教育，日渐成为政府鼓吹扩张侵略和抵制工人运动的工具。①

---

① 檀传宝等：《公民教育引论》，人民出版社2011年版，第53—54页。

学校教育中充满民族主义、专制主义、军国主义的教学内容。德皇威廉二世颁布法令，要求学校通过教普鲁士和德国的历史，灌输对帝国的爱、“民族思想”、“虔信上帝”和“效忠王室”的观念。要求帝国教育必须以德国为出发点，以德语为基础，要把学生培养成“德意志的民族主义者”。在这种背景下，凯兴斯泰纳提出的“公民教育”理论，成为这一时期影响最大的教育理论。

在19世纪末20世纪初德国的新教育运动中，凯兴斯泰纳（Georg Kerschensteiner，1854—1932）是一位颇具影响力的教育理论家和教育改革家，德国职业教育运动的倡导者和改革者。他的主要教育思想是公民教育思想。他将劳作教育纳入公民教育思想体系之中，提出了培育国家“有用的公民”的观点。凯兴斯泰纳认为，公民教育的终极目的是教育公民获得国家意识。他指出：“获得国家意识不外乎是兑现道德的国家理想，时刻准备着，用自己的行为参与发展现有国家，使其向着道德的国家理想迈进。”① 公民教育要为实现国家目标服务。而成为有用的公民必须具备三个条件：第一，具有关于国家职责的知识，了解国家的本质和任务：第二，具备杰出的从事某种职业的能力：第三，具备国家所需的道德品质和道德情操，如爱国、牺牲、忠诚、勤检、忍耐等美德。为了培养这样的国家公民，凯兴斯泰纳主张首先对学生进行有关公民知识的教育，他认为，“公民常识、法律常识、宪法知识、国民经济理论、有关国家任务和国家机构等方面的理论知识，特别是有关公民权利和义务和理论知识”是十分有价值的。其次是加强职业训练，进行职业教育，培养和训练公民的职业技能，成为国家有用的公民。再次是职业道德化和团

① ［德］凯兴斯泰纳：《凯兴斯泰纳教育论著选》，郑惠卿译，人民教育出版社2003年版，第243页。

体生活道德化，即对学生进行公民道德教育和道德训练，培养他们的爱国之心和对国家的忠诚。总之，国民教育是一切教育的核心问题，其任务是培养国家公民的正义与公平的思想、责任感和道德勇气，服从权威，从而为国家目标服务。①

凯兴斯泰纳认为，公民教育包括四个方面的内容。

第一，公民权利与义务教育。这种教育，在由近及远的多种层次的集体组织中进行，近如身边的小集体，远如国家大集体。例如，关于小学公民义务与权利的教学任务，必须使孩子懂得下述问题：

（1）集体通过公共福利给我们提供了些什么？

（2）对于集体的每一个成员来说，由此产生了哪些义务？

（3）据此，集体与其全体成员道德关系中，存在着哪些相互的影响和作用？

（4）什么叫作集体的公民，如家族、学校、地方、国家集体的公民？公民可以提出哪些要求？他们必须对哪些要求感到满足，以及他们必须全力地保护哪些机构？

至于高年级或者大学内，他认为可以保留“通俗国家学说课”即公民政治课，以使学生了解国家的任务，激发他们产生历史责任感及对祖国的热爱。② 为此，学校必须用理想的国家集体的思想和为实现、保卫理想的国家集体而献出自己一切甚至生命的伟大人物的尊敬与爱戴，以此来充实学生的心灵，唤起他们在国民义务活动中必要的奉献精神。

第二，进行集体观念的教育。个性的形成离不开集体，离不

---

① 段喜莲：《凯兴斯泰纳教育思想探究》，《和田师范专科学校学报》（汉文综合版）2008 年第 1 期。

② 吴明海：《德国凯兴斯泰纳公民教育思想之研究》，《郑州大学学报》（哲学社会科学版）2004 年第 3 期。

开实践锻炼。通过为那些小范围的联合组织如家庭、学校、青年联合会等服务过程中，培养学生为某一道德集体服务的习惯，进而培养学生为国家劳动集体服务的习惯。具有这种社会习惯的人，方有可能成为以正义与合法为原则具有道德勇气和忘我精神的“自由公民”。

第三，进行权威感教育。一方面必须对那些因其精神与道德能力而被任命的权威承载者的人们进行必要的国民教育，使其完全具备公正与合法的思想意识以及一丝不苟的责任感；另一方面，教育公民不仅崇敬、服从权威，而且要敢于谴责那种无能的或者已经忘记自己职责的权威承载者并与之进行斗争。

第四，进行民族感教育。民族感是“一种集体主义情感”，以集体为出发点，或者来自共同的以外在事物为目标的成功抱负，或产生于完成共同的劳动任务。凯兴斯泰纳非常肯定这样一种民族感，这种民族感不是在同其他民族的比较中寻找自己的价值，而是致力于自身奋斗，履行自己的道德职业。这种民族自力更生，有自知之明，只有当成功地通过自己的努力使自己或别的民族在通往理想的道路上前进一步时，他们才感觉到自身价值的存在，充满着文化使命的觉悟。他认为德意志民族过去具有，现在也应具有这种自觉、自省、自立、自强的价值观。①

凯兴斯泰纳认为，实施公民教育的最佳方式是建立劳作学校，贯彻劳作学校精神。道德教育、品质塑造要更重于智力培养，通过服务他人的愉快劳动得以实现。在他看来，劳作学校是一种最理想的学校组织形式，是为国家培养有用公民的重要教育机构。劳作教育思想从国家利益出发，肯定了职业教育的价值与职业教育的重要性，声明职业训练是“人的教育”的先决条件，

---

① ［德］凯兴斯泰纳：《凯兴斯泰纳教育论著选》，郑惠卿译，人民教育出版社2003年版，第299—302页。

主张用职业教育改造传统基础教育，培养新时期国家需要的既忠诚又有用的公民。[①]

（二）魏玛共和国时期的公民教育

第一次世界大战后，德国建立了资产阶级议会制的民主共和国——魏玛共和国。1919 年，政府颁布了魏玛宪法。根据《魏玛宪法》，德国实行普及义务教育。“普及义务教育原则上由至少八学年的国民学校和与此相衔接的直至 18 周岁的进修学校实施。国民学校和进修学校的教学和教学用品为免费提供。公立学校事业为有机地组成的整体。在所有儿童共同的基础学校之上设立中间学校和高级中学。”[②] 在义务教育阶段，公民教育是学校教育的重要组成部分，“所有学校均须按照德意志民族性的精神及民族和谐努力进行道德、公民意识、个人技能和职业技能方面的教育”[③]。在实施公民教育的基本原则方面，为体现民主思想，宪法还特别规定，“公立学校在教学过程中，应主要避免伤害持不同见解者的感情”[④]。至于如何开展公民教育，宪法还对学校教学课程提出来具体要求，“公民课和劳动课应纳入学校教学科目范围。义务教育结束时发给每个学生一册宪法”[⑤]。可见，《魏玛宪法》不仅对共和国学校的类型、教育体制等做出了规定，还对公民教育在学校的具体实施的原则、办法乃至课程设置等，

---

① 段喜莲：《凯兴斯泰纳教育思想探究》，《和田师范专科学校学报》（汉文综合版），2008 年第 1 期。

② 瞿葆奎主编：《教育学文集——联邦德国教育改革》，人民教育出版社 1991 年版，第 26 页。

③ 《德国宪法》（1919），载李其龙、孙祖复选编《联邦德国教育改革》，人民教育出版社 1991 年版，第 27 页。

④ 瞿葆奎主编：《教育学文集——联邦德国教育改革》，人民教育出版社 1991 年版，第 26 页。

⑤ 同上。

都提出了明确要求。这体现了魏玛政府对公民教育的高度重视，也从一个侧面反映出公民教育在这一时期所肩负的历史重任。

在《魏玛宪法》有关学校公民教育精神的指导下，1920 年制定出台了对魏玛公民教育具有纲领性意义的《指导原则》。《指导原则》提出了魏玛共和国公民教育的目标，即要对所有公民平等给予个体自由和公民的政治责任感，并指出，为达到此种目标，首先要以对新生的国家政权的认可为先决条件，培养正确的国家观成为公民教育的起点。公民教育对"国家观"的培养主要通过两个途径：一是培养学生对国家的情感认同，学生应在教师有计划的指导下，通过学生会及其他社团组织的郊游以及旅行等活动，从主观上感受这个作为生活伙伴的国家，形成对国家的情感认同；二是培养学生对国家的理性认同，学习国家的历史和文化，通过系统而深入的思考形成对国家的系统理性认知。

1924 年，魏玛共和国成立了专门负责公民教育的政府机构"公民教育委员会"，隶属内务部。委员会制定了较详细的公民教育课程的组织原则和教学大纲，突出了德意志民族精神的培养。公民教育课程应该力求在德国人、德裔外国人以及讲德语的奥地利的广阔范围内获得对其本质和政治文化的理解。公民课程的任务与目标是，依据《魏玛宪法》的精神，促使归属德意志民族和国家共同体的公民理解其应有的义务和权利，并培养他们的这种义务观、责任意识和牺牲精神。每一位学生公民应为新生的德意志国家的巩固和德意志民族力量的增强尽到自己的公民责任。[①] 公民课程所服务的对象是整个国家和民族，而不是某个政党。因此，公民课程应当避免受到各种政治党派和团体的政治倾向的影响。公民教育课程的教学方法要防止空洞的说教和灌输，

---

① 瞿葆奎主编：《教育学文集——联邦德国教育改革》，人民教育出版社 1991 年版，第 26 页。

最好以学生的自我体验和亲身经历为出发点。所有课程必须致力于培养对整个民族、对完整统一的国家的责任感。

（三）纳粹时期的种族主义教育

1933 年，希特勒上台并建立起了法西斯独裁的统治体制，德国公民教育进入了一段极其扭曲的历史时期，所谓的公民教育在这一时期就是针对学生或公民进行“极端的种族或政治教化”。种族或政治教化的主题，主要是围绕着“祖国”、“人民”、“元首”等关键词展开：德国军事力量的重要性与自豪感教育，对元首或领袖的尊重与敬仰教育，生物与历史等课程汇总的种族教育，对国家与人民的效忠教育等。[①]

希特勒和纳粹政权在文化领域按照种族主义原则把文化划分为德意志文化和非德意志文化两大类，鼓吹和推崇前者，排斥和消除后者。所谓“德意志文化”主要指德意志人创造的文化成果，歌颂“雅利安血统”的理论或作品，以及适合为纳粹主义作理论解释的学科。这其中包括尼采的“超人统治”和“权利意志”哲学、施宾格勒带有浓厚民族主义色彩的历史哲学、瓦格纳具有反犹主义色彩的音乐、以夺取“生存空间”为目的的地缘政治学，特别重要的是种族主义理论，它是国家社会主义的思想核心。纳粹在党内和政府内设立了大量的错综复杂的文化和教育机构。在文化控制和宣传方面，设立“全国宣传指导处”、“新闻办公室”、“世界观学习教育监查处”、“德意志文化战斗同盟”、“国民教育与宣传部”、“德国文化总会”等机构。学校最大限度地向青年灌输为国家服务和牺牲的政治意识，把青年与国家的历史和命运不可分割地联系在一起。他们不仅大量修订教

① P. Kosok, *Modern Germany: A Study of Conflicting Loyalties*, Chicago: Chicago University Press, 1933, pp. 172 – 173.

材，而且为了控制教材，所有教材由一家出版社出版。修订过的教材的主导思想是：尊敬元首、渲染种族特性、种族优越性。

希特勒极力为德国人构建的民族理想是基于种族主义的“民族共同体”社会，在这里，试图通过对社会各阶层进行持久的灌输和教化，实现所谓不分阶级、不分等级、不分职业、不分性别的“绝对平等”。“民族共同体”所宣扬的是追求专制、绝对服从、消除主体个性、泯灭人性的价值目标，要求人们从共同体的立场出发对领袖意志绝对服从和执行。在这种极端的政治教化中，公民的政治身份与权利已经被完全剥离，公民所接受到的公民教育，无非只是如何更加效忠和服务于一个疯狂而失去理性的独裁集团。

（四）第二次世界大战后民主公民教育的发展

1949年，纳粹德国战败，美、英、法三国在其占领的西区成立了德意志联邦共和国，即西德；苏军在其占领的东区成立了德意志民主共和国，即东德。西德成立后不久，颁布了众多重整教育及对教育实行改革的计划和协定。在这些计划和协定的基础之上，联邦德国的公民教育的理念逐步发展起来，并经历了许多变革，最终形成了当前既多样又独特的公民教育特质。①

1990年，德国实现了东西部的统一。东部地区几乎完全引进和恢复了西德的教育模式与体制，公民教育领域在课程方面取消了明显带有意识形态倾向的军事训练课和反映社会主义政治的公民课，代之开设了新的公民或政治教育以及社会综合常识等课程。随着时间的推移，东部地区公民教育的内容与体系的“民主化”与“西方化”进程日益明显。统一之后德国公

① A. Hearnden, *Education in the Two Germanies*, Oxford: Blackwell, 1974, pp. 29－30.

民教育的发展，一直注意谨慎地处理好传统与政治现实之间的关系。

一般来说，在今天的德语语境里“政治教育”是指：“为奠定民主主义社会共同体生活的基础所进行的教育，旨在培养有社会责任感并积极参与社会的有良知公民，从而建设以公民为主体的社会。‘政治教育’是形成民主的政治文化不可或缺的途径。”政治教育不限于学校教育，在成人教育领域也备受关注，各政党、工会，以及相关团体都在各地积极开展成人为对象的政治教育。①

第二次世界大战后德国的“民主主义学习”是从1976年的《博特斯巴赫共识》（Beutelsbach Consensus）开始的，作为公民教育的里程碑式文献，《博特斯巴赫共识》被誉为德国公民教育的“圣经”。1976年，针对各联邦州政治教育目标方面的巨大分歧，在巴符州政治教育中心主任Siegfried Schiele的邀请下，德国政治教育家齐聚小镇博特斯巴赫。在那里，达成了德国政治教育的最低共识，也就是政治教育的三个原则：“共识”分三项内容：一是“禁止压制及政治教化”，即教师不得用自己的逻辑压制学生，也不得武断地阻挠学生个人的判断；二是“讨论的公平性”，即在相关学术和政治的课堂中，应充分重视讨论，但是讨论过程必须反复论证是否公平；三是“学生指向性”，即从学生的政治状况、兴趣出发探索教材和教育方法，即注重发展教师和学生的个人意见而不是操纵、支配他们。“共识”尤其强调实践的态度、情感的形成，比起通常的教学活动，更强调创造民主的氛围和方法来进行教育。“共识”注重通过学习过去的政治知识、技能及参与方法来进一步促进实践活动。这也与培养“积

① ［日］岭井明子主编：《全球化时代的公民教育》，姜英敏编译，广东省出版集团2012年版，第178—179页。

极公民”为目标的欧洲理事会构想不谋而合。[①]

两德实现统一后，东德人的价值观在一夜之间改变，过去的信仰、教育全被抛弃，除了面临学习新的社会法规外，过去的生活方式也必须彻底改变。为此，德国公民教育做出了许多适应性调整，但民主教育和道德教育仍为其公民教育的基本价值取向。就后者而言，主要强调道德价值和道德规范在公民教育中的地位；就前者而言，此时的公民教育仍以实现全国民主化为普遍目标，只是在原则上有所调整：一是强调多考虑环境，多关心那些尚未普及的事情，少去考虑某些成习惯的事情；二是注重民主的目的性价值，但更关注实现民主的更多可能性；三是强调民主教育的现实针对性，因为民主不能脱离实际，如果脱离实际就失去了意义；四是强调民主化原则与法治国家原则的相互尊重，既要重视时代精神，还要兼听民众声音。[②]

二　德国公民责任教育的主要内容

（一）把培养爱国心和民族自豪感作为公民责任教育的首要目标

德国独特的历史与文化传统使它形成了富有特色的公民责任教育模式，有人把它概括为义务论公民教育模式。[③] 这种以责任与义务为价值取向的公民责任教育观的代表人物是黑格尔和凯兴斯泰纳。

黑格尔从理念上赋予国家比个人更高的伦理地位。他认为国

---

① ［日］岭井明子主编：《全球化时代的公民教育》，姜英敏编译，广东省出版集团2012年版，第179—180页。

② 江国华：《宪法与公民教育》，武汉大学出版社2010年版，第208页。

③ 程晓峰：《中外公民教育比较研究》，云南师范大学，2006年硕士论文，第12页。

家体现了更高的善，个人的自由通过国家才可能实现，善的生活只有在正义的国家中才能存在，因而它把国家看成是自由的真正体现者。在黑格尔看来，个人是否具有政治上的自由并不重要，重要的是国家，因而个人要服从国家，服从集体并积极参加民族生活，把为祖国服务看成全体德国人义不容辞的责任。黑格尔对自由的理解要积极得多，它并不强调个人免于国家和他人干预的自由，认为这只是一种“任性”的自由。他强调的是，人作为道德的、负责任的公民，应当去实现某种善，当国家的善成为我们行动的动机时，公民才是自由的。①

凯兴斯泰纳认为，公民教育的终极目的是教育公民“获得”国家意识。他指出：“获得国家意识不外乎是兑现道德的国家理想，时刻准备着，用自己的行为参与发展现有国家，使其向着道德的国家理想迈进。”② 也就是说使国家的每一个成员通过教育而获得自觉地参与国家生活的习惯，通过他们自己的努力而逐渐向着法制与文明国家的理想迈进。可见，道德的国家理想是国民教育的起点与归宿。至于“文明与法制的国家理想”，他具体解释到：我们说它是法治国家的理想，其条件是，经过奋斗得来的集体应该能够按照正义与公理的准则，调整全体公民之间的关系，我们说它是文明国家的理想，其条件是，这样的集体必须保证每一个公民无一例外地能根据自己才能的大小，为伦理的文明价值而服务。③

根据公民教育的目的，凯兴斯泰纳确定了公民责任教育的任务。其一，建立学校各种学生联合组织，劳动场所和采取正确的

① 李梅：《权利与正义：康德政治哲学研究》，社会科学文献出版社 2000 年版，第 247 页。

② ［德］凯兴斯泰纳：《凯兴斯泰纳教育论著选》，郑惠卿译，人民教育出版社 2003 年版，第 243 页。

③ 同上书，第 241 页。

劳作方法，教育学生习惯于为集体服务、尽义务，在自愿参与、服务、相互关照及自愿奉献的情况下，从道义上促进这一集体的发展；其二，通过共同劳动来唤起对一切行为极端负责的责任感；其三，必须锻炼学生学会按照正义和公理的准则，去解决劳动集体中出现的利益争端问题；其四，通过某些具体事例培养学生将服从全体利益变成一种自觉的想法，通过实践磨炼，培养公民道德品质行为习惯及各种具体的能力，使其能切实地服务于现有立法国家，使之越来越接近于道德集体这一理想。①

（二）公民责任教育的核心内容是民主政治教育

德国公民教育与政治的关系十分紧密。“非纳粹化”运动和用西方民主思想对德国人民进行政治再教育的民主化改造使民主政治观念开始在德国扎根。德国公民责任教育强调在民主法治的国家中，一切权力来自人民。个人的自由、法律面前人人平等、尊重人的尊严等这些基本的价值，是公民教育中广为接受的原则。公民教育对于公民更好地履行民主权利与义务、承担责任、保持发展民主社会形式等具有重要的作用，有利于公民养成在政治参与过程中尊重他人、尊重少数、合作、无偏见等好的价值标准。

随着21世纪的到来，德国联邦政治教育中心补充了许多新的思想政治教育主题。2000年5月，联邦中心在一份公告中明确了它在新世纪的14个工作主题：“民主政治理论、伦理和宗教等问题，德国历史，德国统一后东西部的相互贯通和接受，欧洲的融合与国际关系，社会作用，生活方式，社会市场经济，人口问题与移民的融合，大众媒介和信息社会的发展以及作用，民

① 吴明海：《德国凯兴斯泰纳公民教育思想之研究》，《郑州大学学报》（哲学社会科学版）2004年第3期。

主文化，政治极端主义，教育和科学，政治教育的方法，出版工作及合作交流。”① 使德国公民明白“民主、自由、和平”等价值观念是人类永远追求的理想。

统一之后的德国，基本上保留了原联邦德国公民教育课程体系与基本内容：在大多数州，公民教育的课程主要是关于州宪法与政治体制的教学，科目开设以公民科（各州名称上存在差异）等为主。课程在知识、价值与技能等主要目标的统摄之下，其内容大体上包括：民主体制的知识、德国经济与文化的知识以及西方文明的知识、对人的尊严的尊重、对他人观点的宽容态度、爱国主义、国际和平与和解、自由民主的特征、政治责任以及社会行动技能等。②

德国高校要求大学生具有理解与评判民主的能力，能够积极参与到社会的民主建设中，包括参与到国家政治、社会事务的管理中。1990 年 10 月，德国在《联邦德国教育总法》中规定：“‘培养学生在一个自由、民主和福利的法律社会中……对自己的行为有责任感’，‘要使大学生具有必要的思想品质和行为标准，使他们具有为发展社会生活、发展科学技术而献身的精神。”③ 目的就是培养学生的自由民主思想，使其具备优良品质，以其自豪的民族精神参与到社会发展的事务中去。

以下列举几个被德国联邦教育和科研部推荐为“最佳实践”的学校公民责任教育个案。

---

① 傅安洲、阮一帆、彭涛：《德国政治教育研究》，人民出版社 2010 年版，第 38 页。

② J. V. Torney, Oppenheim, A. N. and Farnen R. F., *Civic Education in Ten Countries: An Empirical Study*, Stockholm, Sweden: Almqvist & Wiksell International, 1975, p. 35.

③ 蓝维等：《公民教育：理论、历史与实践探索》，人民出版社 2007 年版，第 198 页。

1. “梦想学校”——拜恩州（bayern）小学的实践。

该小学的学生来自 17 个国家，因此德国人利用学生的国家背景和民族多样性设计了“梦想学校”活动，其目的在于使学生学会在尊重其他民族、形成自己民族认同感的基础上建立非暴力的共同生活。活动主要采用语言障碍较少的绘画方式，学校利用德语、艺术、伦理、宗教教育等课堂让学生把自己的梦想画出来，用它装饰教室。

2. “‘平等’公司”——北莱茵—威斯特法伦州（Nordrhein Westfalen）的中等学校。该校与萨尔瓦多共和国的学校结成姊妹学校。学生通过各种活动募集善款，并邀请姊妹学校的代表来到学校，该校师生也计划访问萨尔瓦多。

3. “和平时间”——北莱茵—威斯特法伦州的职业中学。该校与萨拉热窝的学校建立起了姊妹学校关系，并于 2000 年通过各种活动募捐筹集资金举办波斯尼亚的学生与德国学生共同参加的项目学习周。学习周的内容是关于 1990 年德国统一和 1991—1995 年波斯尼亚内战的。德国学生对波斯尼亚难民的情况、难民进入德国以及由此引发的极右主义思想的抬头等进行了详细的调查。①

（三）注重公民道德责任意识的培养

德国各类学校都很重视公民责任教育。德国学校教育政策的准则之一，就是将年轻人教育培养成为对自己的行为负责、有责任感并有能力承担个人权利和义务的成年公民。

在大学，德国人很注意通过专业教育培养学生的社会责任感。德国大学是以社会需求为导向设置专业的，德国大学进行专

① ［日］岭井明子主编：《全球化时代的公民教育》，姜英敏编译，广东省出版集团 2012 年版，第 181 页。

业教育，首先要培养学生对所选专业的责任感。教育学生端正专业态度，明确自己今后的岗位目标，进而明确对社会的责任。通过责任感教育，学生从热爱专业到热爱职业，从以学好专业为自豪，到以在专业领域为社会做出贡献为自豪，成为有社会责任感的人。

20 世纪 90 年代以来，德国各州都进行了新一轮中学教育改革，以加强责任感的培养为主要内容，重新调整了中学的培养目标。巴伐利亚州强调的目标是"培养学生良好的德行"，规定州内所有中小学都要承担下述领域的综合教育任务：职业指导、世界和平、人权、信息技术、媒体技术、政治、家庭和性教育、卫生知识、环境知识、交通安全和健康教育学。北莱茵—威斯特法伦州定位于培养学生成为具有成熟的对社会负责的个性。萨克森州则要求中学开设更深入的通识课程，"培养学生全面的人性，包括参与社会活动，谅解他人"[①]。各州的公民教育目标主要围绕着如何帮助学生发展成为对社会负责的人格以及发展学生参与社会民主建设的意识。

德国高校在道德教育上比较注重德目主义，以讲授各种行为规范和优良美德为重点，但注重与社会生活实际相联系，以学生在日常生活中遇到的事情为出发点来培养学生的道德理性与批判能力。在道德修养方面，要求尊重人的尊严，自我克制、责任感、乐于负责与助人，能接受一切真、善、美的胸怀，以及对自然和环境的责任心。[②] 在巴伐利亚州法中，更是强调了对大学生优良的道德品质的培养。《巴伐利亚宪法》第 131 条第 2 款与第 3 款规定："最高教育目标是敬畏上帝、尊重宗教信念与人的尊

① 孙梓毓：《德国的公民教育及对我国的启示》，《教育改革》2013 年第 4 期。

② 蓝维等：《公民教育：理论、历史与实践探索》，人民出版社 2007 年版，第 198—199 页。

严，自制、责任感与承担责任，乐于助人与对一切真善美开放以及对自然和环境的责任意识”。[①] 它不仅要求学生要培养个人的优良品质，更要求大学生树立民族自尊心、自豪感的道德意识。

（四）宗教教育发挥着重要作用

同欧洲其他国家一样，德国学校是从教会教育机构中演化而来的，因此，宗教课程长期以来一直是学校的核心课程，学校德育的任务也主要由它来承担。德国宪法规定宗教教育为核心课程，教会管理宗教课事宜。德国学校德育以宗教教育为根本，突出宗教信仰和教会的作用。统一后，宗教课仍然是中小学的必修科目，并由教会全权包办。道德教育的根本目的是以宗教为根本，陶冶精神与人格。除了培养学生的宗教信仰外，还注重培养人的尊严、克己、责任感、对真善美的感受性、民主精神、爱国主义以及德意志精神。从宗教教育的内容来看，不同的教派有着不同的教义。在德国主要是天主教和新教两大教派，私立学校分设两类相应的学校，各类学校分别讲授各自的宗教内容。公立学校则按教派设立，分为三种：第一种是共同学校，对不同宗教信仰的儿童统一进行基督教的文化价值教育，上宗教课时再根据不同的信仰分班，由不同的教派授课。第二种是教派学校，分为天主教和新教两大类。第三种是世界学校，不开设特定的宗教课。家长可以自己为子女挑选合适的学校上学。[②]

德国学校的宗教课是在国家的监督下，依据宗教教义进行的。德国的两大教派天主教和新教，其宗教课内容各异。天主教以《教会论》、《教会史》、《圣宠论》、《基督教社会论》等为中

---

① 唐克军：《比较公民教育》，中国社会科学出版社2008年版，第113页。

② 蓝维等：《公民教育：理论、历史与实践探索》，人民出版社2007年版，第200页。

心内容，新教则以《圣经学》、《圣经史》、《信仰论》、《教会史》等为中心内容。一般公立学校的宗教课根据不同的信仰由不同教派教授，任课教师绝大多数是神职人员。宗教课之外，学校还组织一些其他的宗教活动，如天主教的基础学校每天早晨都要做短时间的祈祷。德国中学宗教伦理道德课的教科书内容非常贴近生活，追问人生的目的、世界的意义，如讨论战争的起因、恋爱（包括同性恋）、家庭、死亡、恐惧、自杀、人生各阶段的担心与苦恼等。此外，德国社会的宗教气氛也比较浓重，单纯的全国性的宗教节日就有 13 个，如三圣节、狂欢节、复活节、圣体节、圣诞节等。每逢这些节日，全国都要放假，可见宗教对国家及社会的影响之大。

注重宗教性成为德国公民责任教育的一个显著特点，学校公民教育以宗教教育为根本，在各方面都突出宗教信仰和教会的作用。时至今日，两德统一后，宗教课依然是学校的必修科目，连校长本人对宗教课也不得干涉过问，全权由教会包办。自 20 世纪 70 年代以来，宗教教育受到了现代化强劲力量的冲击，宗教课的内容和形式也发生了很大变化，开始向世俗化、生活化、现代化转变。德国学校公民责任教育的宗教课程一直保留至今，在塑造公民责任方面发挥了重要的作用。

三　德国公民责任教育的特色

（一）有力的组织和管理机构——联邦政治教育中心

建立专门的政府机构是德国政治教育的重要传统。德国公民责任教育的一个重要经验就是有力的组织机构的建立。"联邦政治教育中心"是当代德国政治教育的决策、组织、实施和管理机构，它对公民政治教育的目标、内容做出原则性的或明确的规定，采用间接的指导方式而不是直接行政命令对其他政治教育承办机构进行干预，运用规划、优惠政策以及财政补贴等手段鼓励、促进政治教育的开展，并对各级政治教育机构进行协调、组织、监督，以保证各机构相互配合，发挥更大的作用。①

早在 1914 年，第二帝国政府成立了“帝国前线服务中心”及“帝国乡土服务中心”，主要任务是为战争服务，通过政治宣传来鼓舞军民的士气。魏玛共和国继续保留了“帝国乡土服务中心”并使之成为外交部的隶属部门。该中心在各地设立下属机构，主要通过出版发行期刊和手册，在民众中宣传新生的国家及其政府，促进他们对共和国和民主的理解与认同。1933 年纳粹政府接管了“帝国乡土服务中心”，从此成了纳粹维护其集权专制统治、推行对外侵略的工具。

第二次世界大战后 1952 年，为加强联邦德国政治教育工作，联邦政府内政部在波恩建立了“联邦乡土服务中心”（“联邦政治教育中心”的前身），并于 1954 年后陆续在各联邦州设立了分支机构。“联邦乡土服务中心”的建立，标志着政治教育正式成为联邦政府职能的一个组成部分，也标志着联邦议会和政府构建其政治教育国家体系的工作开始起步。时任汉堡政治教育管理委员会主任的瓦尔特·托尔明（Walter Tormin）博士对此有这样的评述：“民主对于德国并不是不言而喻的。对于别的幸运的有着连贯的民主经营和民主文化的民族而言，似乎已经足够将这个传统发扬光大，无须为此建立专门的机构。但是在德国却需要特别的努力，拉近公民与他们的国家间的距离，使他们将国家看作自己的国家而不是他们的上

① 檀传宝等：《公民教育引论》，人民出版社 2011 年版，第 61 页。

级政府。”[①]“将公民引向自己的国家”，是“联邦乡土服务中心”的政治宣传工作的起点，以重新唤醒德国民众对民主国家的基本兴趣，加强对资产阶级民主价值和公民责任的认识，完成“积极的宪法保护”的任务，并在此基础上进一步持续、广泛地宣扬民主思想。它的主要工作是政治宣传和为中小学编制教科书。其宣传工作主要通过出版发行政治性期刊和手册进行，其中比较著名的有《议会》周报。20世纪50年代，《议会》周报的内容主要是全文发表或摘录联邦议会的讨论，以求向民众展示代表着民主的议会的运作方式和成果。

1963年，鉴于名称上的“模糊性”以及政治科学和政治教育理论研究的长足发展，为更加明确其工作职责并进一步加强民主政治教育，“联邦乡土服务中心”正式更名为“联邦政治教育中心”。两德统一后，联邦政府修正了新的政治教育的工作原则和目标，即“（1）促成对自由和多元民主的认同；（2）尽量客观地了解政治、社会和经济发展的影响因素及其相互作用；（3）弄清民主政治秩序，在其中独立、理性和自我负责的行为都是可能的，并为个人的自我发展提供最大机会；（4）理解民主原则，熟悉民主程序，培养冲突和认同能力；（5）培养对政治的问题意识和判断能力；（6）发展政治行为能力，能够认识并利用其对社会和政治施加影响；（7）认识到不同意识形态情景下的语言和非语言上的交流；（8）培养认识自己权利与利益的能力；（9）在多元化的民主范围内维护自己的利益并考虑他人的利益；（10）有能力并准备与不同种族和文化的人友好地共同生活；（11）有能力发展自身的社会和政治行为责任意识；（12）为消

① 阮一帆、彭涛：《德国“联邦政治教育中心”的历史考察》，《武汉大学学报》（人文科学版）2010年第3期。

除民族中心主义做贡献”[①]。为适应政治教育主题内容在新时期的发展，“联邦中心”在这一时期也进行了机构改革，设立“大众媒体工作组”、“学校政治教育工作组”、“校外政治教育工作组”、“时事评论工作组”、“内部统一工作组”和“东西方论坛”。

以“联邦政治教育中心”为核心，德国构建了一个从学校到社会，从舆论环境软控制到时事政策引导，从促进内部统一到促进东欧国家内部的变化以及欧洲一体化的全面的政治教育工作体系，对公民责任教育的扎实开展发挥了重要作用。

（二）公民责任教育的里程碑式文献——《博特斯巴赫共识》

第二次世界大战以后，西德一直致力于经济建设，因而对纳粹政权的深入批判和反省被拖延了下来。直到 1958 年，一群极右派的青少年在犹太人教堂和墓碑上涂抹纳粹党徽以及口号时，才引起德国民众的震惊。民众认为法西斯极右派政权可能会复兴。1959 年阿多诺在演讲中指出，这些外在的、反民主的极权趋势并不可怕，潜藏在民主社会中的极权主义思想才更具有威胁性。纳粹政权的出现并不仅仅是少数纳粹领导人造成的，它具有普遍的民众和民众心理基础。[②] 于是全社会开始深入分析和反思纳粹政权出现的原因以及德国社会中的集权因素，学生们也组织了轰轰烈烈的抗议活动。在这样的历史背景下，被称为新马克思主义或西方马克思主义的最为重要的学派——法兰克福学派的社会批判理论登上历史舞台，并盛极一时。其代表人物霍克海默、阿多诺、马尔库塞和哈贝马斯等也被推到风口浪尖，为抗议和批

① 阮一帆、彭涛：《德国“联邦政治教育中心”的历史考察》，《武汉大学学报》（人文科学版）2010 年第 3 期。

② 彭正梅：《德国政治教育的里程碑：〈博特斯巴赫共识〉研究》，《外国中小学教育》2010 年第 5 期。

判运动提高理论甚至行动支持。这种批判的浪潮还深入到人文社会科学各个学科。一种以法兰克福学派为基础的批判教育学应运而生，这种教育学强调进行社会批判和意识形态批判，以达到人的解放，并在某种程度上又与康德的启蒙哲学联系起来。

正是在这种批判的背景下，德国的公民教育产生了一种历史性变革，特别是在社会民主党治下各州，直接把解放提升为公民教育的目的，形成一种以培养学生冲突能力、批判能力为目的的批判教学论。不过，这种倾向受到了基督教民主联盟治下各州的抵制。双方争讼不已，迫切需要一种务实的共识。1976 年，在巴符州的政治教育中心主任 Siegfried Schiele 的邀请下，德国政治教育家齐聚博特斯巴赫，达成了公民教育的最低共识——《博特斯巴赫共识》（简称《共识》）。《共识》的基本内容很简单，由三个原则组成。第一个原则：禁止灌输。不允许用任何手段对学生进行灌输，因为这会妨碍学生形成独立判断。这是政治教育和灌输的区别所在。因为灌输与民主社会的教师角色不相匹配，也与普遍认可的形成学生独立使用自己的理性的目标不相符。第二个原则：保持争论。在科学和政治上可以争论一切，在教学中也必须保持争论。这与第一个原则密切相关，因为如果不讨论不同的观点和可能性，压制不同的观点，那么，就会重回灌输的老路。因此，这就是要求教师的个人立场，无论是他的政治观念，还是他的科学观点，都必须是中立的、客观的，与其对立的观点也应该被探讨。第三个原则：分析能力/学生个体利益原则。公民教育必须使学生能够分析政治形势以及他自己的利益格局，能够从自己的利益角度，去寻求手段来影响既定形势。这样一种原则强调学生具有一种操作性的能力，这也是前两个原则的逻辑结果。[①]

---

① 彭正梅：《德国政治教育的里程碑：〈博特斯巴赫共识〉研究》，《外国中小学教育》2010 年第 5 期。

总体来说，《博特斯巴赫共识》体现了德国公民责任教育的根本转变，具有深远的教育意义。《共识》体现的是一种具有启蒙精神的民主主义的政治教育的思想，对于到底是坚持民族传统教育还是西方民主传统教育的争论，《共识》给予了共识性的回答，即坚持民主主义的教育道路。它是德国公民教育的一个里程碑式文献，对德国公民责任的培养和塑造具有深远影响。

（三）以回归生活世界的方式开展公民责任教育

生活世界是道德教育的根基，只有在具体的生活中人们才能更真切地感受到善的价值和意义，并且也只有生活世界能够坚定人们的道德选择和道德信念，成为人们世界观和价值观的真正来源。德国公民责任教育特别注重同生活的紧密联系，在生活中不断探索、拓展和思考，以满足和适应社会发展和个体发展的需要。

1. 面向生活世界的公民责任培育项目

德国公民教育实践十分关注学生从日常生活和个人的生活经验中获得的行动体会，学生需要从现实中不同冲突的各种解决方案中，发现解决问题的途径，特别是要学会独立自主地解决自己的问题的能力。在具体计划和方案的实施过程中，学生可以经历和体验共同协作所必需的公正、责任与合作精神。

例如，德国联邦和各州教育计划研究援助委员会从 2002 年开始就设立了“在生活中学习民主主义”的项目，计划为期 5 年。项目的目标在于，营造更为民主的学校生活和教学氛围，促进青年积极参与公民社会。该项目倡导以下四种公民责任的学习模式。模式一，“教学”。探索教学模式和方法，研究怎样才能让学生在课堂上积极参与民主主义的活动过程，培养社会适应能力。例如，怎样促进学生的学习动机并提供必要的帮助，怎样让那些学习速度、兴趣各不相同的学生积极参与学习活动，体验

“责任”。模式二，“项目学习”。通过各种项目设计来进行共同目标下的合作学习和解决问题为目的的学习，从而强化学生个体的行动能力，提高学生的社会见识和能力。因此，学校教育应将项目学习作为教育的常态，而不是设定为短期、特别的活动。模式三，“民主的地方——学校建设”。学校应给学生充分地参与机会，使学生为参与未来的公民社会生活做好必要的准备。学校应发展和促进学生的参与方式，使其真正影响学校生活。民主的学校文化还包括包容差异、消解冲突。模式四，“民主主义中的学校”。学校应向社会开放，并与青少年援助团体和社区企业合作，并将其运用到学校生活和课堂上。[①]

2. 通过构建民主的生活来学习公民责任

公民应如何在民主政治生活中发挥影响，这是公民尽责的一个重要问题，德国的学校通过构建民主生活来使学生亲身体验到民主政治的过程和价值。例如，汉堡的实科中学大多有自己独立的学生民主自治管理委员会，这个组织会定期参加学校管理层、教师层面的会议，就学生的学习生活、学校活动、课程安排等事务与决策来进行表决。学生民主自治委员会可以向校方提交书面申请，举办各种社会文化活动。以筹办一次学校的大型晚会为例。学生自治组织会首先根据总体计划，将参与的学生按照部门进行分工，例如联络处、宣传处、节目主持组、技术部等，所有部门都各司其职，由学生自行安排和完成。学生们还会自发成立餐饮小组，负责晚会休息期间销售各种饮料和食品，从而募集委员会的活动经费。[②] 这种民主自治的校园氛围潜移默化地影响了学生对民主政治生活的理性认知，对他们日后在国家民主政治生

① ［日］岭井明子主编：《全球化时代的公民教育》，姜英敏编译，广东省出版集团2012年版，第187—188页。

② 任平：《德国学校公民教育一瞥》，《新课程研究旬刊》2013年第11期。

活中发挥公民责任起到了生动而实质的作用。

3. 开展多元化的、丰富的社会活动来践行公民责任

多元化的社会活动既包括校内的也包括校外的，主要包括各种课外活动及社会实践，如参加各种聚会、青少年日、研讨会、休闲、野营、救助行动、交流项目、联欢会、俱乐部活动、实习等。德国公民责任的培育还特别重视通过劳作教育培养学生的公民责任感。根据德国法律规定，不同年龄的学生必须从事不同程度的家务劳动，从扫地、擦洗汽车到整理花园等。在学校，学生则必须参加相应的户外劳动，如打扫校园、参加工厂、农场的实习活动等。而假期中，学生要到医院、养老院、残疾人福利院等处服务 1—2 周。[①] 学校希望通过开展丰富多彩的课外活动，培养学生的劳动观念、情感和习惯。

（四）公民责任教育社会化

德国政府、党派和政治教育机构在政治社会化中发挥着至关重要的作用。德国政府和政党不仅组织、管理、协调有关机构对公民进行政治教育，而且它本身也是最强有力、最高层次的政治社会化的机构。除前文所述的联邦政治教育中心是专门负责公民责任教育的决策、组织、实施和管理机构外，德国议会中的各个政党分别拥有各自的政治基金会，这些政治基金会面向大众宣扬所属政党的政治、经济、文化、军事等各方面主张，开展声势浩大的竞选攻势，成为对德国公民进行政治教育最直观、最鲜活的教育素材。[②] 多样化的社会机构和社会组织也在政治社会化中扮演了重要角色，各种注册协会、研究所、基金会、博物馆、展览馆和社会团体等，这些机构与家庭、社区、学校以及大众媒介建

① 檀传宝等：《公民教育引论》，人民出版社 2011 年版，第 60 页。

② 同上书，第 60—61 页。

立起一个网络化的教育渠道。著名的阿登纳基金会，就是由德国前总理阿登纳在20世纪50年代创立的政治咨询和教育机构，属于曾长期执政的德国基督教民主同盟。[①] 如今，不仅每个联邦州都有自己的政治教育中心，而且还有不少民间机构也在致力于非正式的公民教育活动。例如，联邦青年联合会、农村青年联合会、天主教联盟、德国志愿服务队等一些社会团体和公共机构，它们都承担着对人们进行公民责任教育的工作。学校也常常加强与这些非政府组织的合作，共同承担公民教育责任。它们与学校一起推广职业教育、和平教育、可持续发展教育、多元文化教育、欧洲乃至全球教育以及人权教育。[②]

德国历史上，还曾经实行过一项非常有特色的义务民役制。这项制度开始于1960年，德国联邦议院通过了《服民役代替服兵役法》，规定在联邦妇女与青年部下设民役管理局，义务民役时间为一年。服民役者的待遇与服兵役者相同。服民役对于青年人来说既是一项义务，也是一个锻炼的机会。尽管开始有些人并不是自愿地参加服务活动，特别是一些有危险的或又脏又累的工作，但经过一个服役期后，青年们都认为从中收获很大，锻炼了洞察社会的能力和实际工作的能力。义务民役制作为一种特殊的社会服务活动，对于青年大学生的人生观、价值观的确定以及养成良好的服务社会的公民责任感是有着积极的作用的，是一项有价值的公民教育活动。尽管由于某些客观原因，2008年德国取消了义务民役制，但是德国社会留下了这种鼓励青年服务社会、为社会尽责的传统，对于今天的学校公民责任教育依然影响很大。

① 陈立思主编：《当代世界的思想政治教育》，中国人民大学出版社1999年版，第177—178页。

② 任平：《德国学校公民教育一瞥》，《新课程研究旬刊》2013年第11期。

第五章　新加坡公民责任教育

新加坡 1965 年独立建立共和国，在短短的 30 年里创造了经济社会发展的“新加坡奇迹”。新加坡的成功，有多方面的原因，其中人的素质无疑是最基本的因素之一。自成立之后，新加坡共和国在社会发展上始终坚持教育先行的原则，教育开支仅次于国防开支。新加坡政府一直非常重视国民整体道德水平的提高，致力于公民道德建设，在继承东方儒家传统价值观的基础上，接受西方文明的先进因素，形成了兼具东西方特色并适合国情的独特的公民教育体系。

一　新加坡公民教育的历史沿革

新加坡在独立以前，曾经长期沦为英国的殖民地，并一度被日本所占领。1959 年实行自治后，又归属于马来西亚，直到 1965 年新加坡共和国成立，人们由原来效忠和归属英国、日本、马来西亚到新加坡共和国的诞生，效忠和归属对象发生了急剧变化，造成了国民对国家、政府认同的混乱。同时，由于华人、马来人和印度人是组成新加坡居民的三大种族，这三大种族之间在历史、文化、宗教信仰等方面都存在着极大差异，且他们与原居住国有着密切的文化联系，甚至对原居住国怀着强烈的国家、民族认同意识。所以，新加坡政府及其领导人深刻地认识到，只有通过加强对国民的公民教育，树立“我是新加坡人”的意识，才能使这些移民及其后裔们逐渐放弃旧的国家认同感和归属感，而认同和归属于新加坡共和国。[①] 因此，新加坡从建国起就非常重视公民教育，并且伴随着国情的世情的变化不断在调整。

新加坡的公民教育从建国至今经历了以下四个发展阶段：

（一）建国初期（20 世纪 60 年代）：爱国主义教育时期

早在新加坡共和国成立之前的 1959 年，新加坡的华文学校就专门开设了公民教育课程《伦理课》，20 世纪 60 年代，新加坡教育部、课程规划与发展小组、公民与道德教育协会即联合制定了《公民和道德教育大纲》，开设“公民”课，开始实施系统的公民教育，强调“爱国、效忠和公民意识”等核心理念。1967 年，新加坡颁布《公民教科书》作为公民教育的教材，内容涉及个人健康、品性修养以及不同层面的社会群体以及群体之间的关系。主要讲授作为一个新加坡公民必须掌握的较全面又基本的知识，同时也传授个人对自己、家庭、社会、国家的基本责任要求。新加坡公民教育一贯的理念就是“一个民族、一个国家、一个新加坡”。

（二）20 世纪 70 年代：精神文明建设时期

新加坡建国后制定了狠抓经济的方针，引进了西方的经济体制，经济飞速发展。1966—1973 年，新加坡经济年平均增长率高达 12.3%，1978—1983 年仍保持 8.8% 的增长速度。人均国民生产总值从 1960 年的 1215 新加坡元（约合 397 美元），增加到 1980 年的 14604 新加坡元（约合 6707 美元），超过了爱尔兰、

---

① 梁金霞：《中国德育向公民教育转型研究》，知识产权出版社 2009 年版，第 226—227 页。

西班牙等西方国家。[①] 但是伴随着经济的急速腾飞，社会道德状况退化，崇尚西方的一切，个人主义盛行，人际关系淡漠，原有的价值观发生蜕变。社会上吸毒、色情、性自由等问题突出。新加坡政府意识到必须恢复原有的东方价值观，于是提出了“技术上依赖西方，精神上固守东方”的方针。李光耀提出，新加坡要有自己的一定的精神文明，是以东方价值观为核心的社会文明，重要表现为诚实、节俭；对长辈和权威的尊敬、孝道，以社会和国家为重等[②]其也可泛指亚洲社会特有的价值观念和意识形态。

20 世纪 70 年代，为“帮助学生更好地认识建设国家的目的及重要意义，以及作为国家公民的义务；帮助学生更好地理解和评价东西方传统中的合理因素；帮助学生更好地了解国家的发展，本国的地理环境；引导学生认识人与社会之间的关系、社会与世界的关系，从而在多元文化中学会和谐共处”，新加坡政府又将原有的公民、历史、地理三科合并为“生活教育”课程。[③] 其目的是：帮助学生认识建设国家的目的和重要意义，认识自己作为忠实、爱国、认真负责和守法的公民的义务；使学生更好地了解自己的国家是怎样发展的，更好地了解本国的地理环境；帮助学生理解和评价东方和西方传统中的合理因素；引导学生认识人与社会之间的关系，进而认识社会和世界之间的关系，使他们将来能够在多民族、多文化的社会中和睦、融洽地生活。最终目标是：使学生成为有崇高品格、优良气质、健康身体和良好习惯的人；教育学生爱祖国、爱人民，具有不分种族互相帮助的精

① 《联合早报》编：《李光耀 40 年政论选》，现代出版社 1994 年版，第 391 页。

② 顾成敏：《公民社会与公民教育》，知识产权出版社 2008 年版，第 237 页。

③ 朱晓宏：《公民教育》，教育科学出版社 2003 年版，第 141 页。

神，进而成为社会的栋梁。

（三）20世纪80年代：全面道德教育阶段

20世纪70年代后期，新加坡现代化快速发展，西方文化大量涌入，对新加坡的传统观念、社会道德产生了很大的冲击，尤其是对青年人的生活方式、宗教信仰和价值观的影响更为明显。为了维护和弘扬东方文化价值观，新加坡政府制订了新的公民教育计划，进一步加强和改进学校的道德教育。1979年，文化部长王鼎昌组织了一个委员会全面调研新加坡公民与道德教育，提出了《道德教育报告书》，认为“在强调社会责任感、国家意识的培植上，公民教育做出了积极的贡献；但在教育内容与方法上，过于虚化和笼统，以致往往流于形式；关于公民社会责任意识和国家意识的养成与个人道德品质与行为修养的关系上，比较注重公民社会责任意识和国家意识的养成，而对个人道德品质与行为的修养，有所忽视，结果导致西方个人主义思想泛滥，人的道德水准下降；在公民教育教材上，过于平淡无味，缺乏想象力，无法激起学生的兴趣，而且书中所要传授的观念与学生有关经验的联系很薄弱”①。报告建议废除“生活教育”和“公民”课，代之以“道德教育”课。

80年代新加坡的公民教育改革体现出其独特性，在道德教育中加入了宗教教育和儒家伦理的教育。中小学开设了《好公民》和《生活与成长》课程，内容包括个人行为、社会责任和效忠三个方面。小学注重培养良好的习惯和发展良好的品格，中学则注重培养担负社会和国家的义务。学校还开设了儒家思想和佛学、伊斯兰教义、世界宗教、圣经、印度教义和锡克教义等六

---

① 梁金霞：《中国德育向公民教育转型研究》，知识产权出版社2009年版，第226—227页。

种宗教课，其中儒家伦理备受推崇。因此在教育部的监督下，儒家伦理委员会编写了《儒家伦理》供全国各华文学校教学使用。遗憾的是，新加坡因为大力推行儒家教育而引起了其他种族和宗教的敌视，出现了不和谐的音符，政府最终取消了宗教课和儒家伦理课。

（四）20世纪90年代至今："共同价值观"教育时期

1990年新加坡政府从本国实际出发，在继承东方儒家伦理文化的基础上发表了《共同的价值观》白皮书，提出了各族人民都能认同的五大价值观，包括：国家至上，社会为先；家庭为根，社会为本；关怀支持，同舟共济；求同存异，协商共识；种族和谐，宗教宽容。[①] 这些价值观念作为全国各族人民共同遵守的准则，在全社会积极加以倡导。1990年，新加坡教育出版社还出版了第一部英译《三字经》，后来《三字经》还被联合国教科文组织选入《儿童道德丛书》之中。可以说，新加坡是世界上第一个把儒家伦理撰写成课本，在学校里作为道德科目来教学并取得了显著成效的国家。[②] 从1991年起，所有的学校、文化团体、大众传播媒介等一切机构和部门，在进行教育、宣传和文化活动时均围绕五大价值观为中心而展开，提倡新加坡的公民责任教育，推进新加坡精神文化的建设。共同的价值观是新加坡政府从自己的国情出发，在价值观问题上对东西方文化进行比较、鉴别、分析、综合之后的新提炼，标志着新加坡的公民教育进入一个成熟的阶段。在白皮书公布以后，新加坡又发表了《家庭

① 王凌皓、张金慧：《新加坡中小学"共同价值观"教育探析》，《外国教育研究》2007年第3期。

② 朱梅：《国外公民教育的比较研究》，华东师范大学，2007年硕士论文，第17页。

价值观》。家庭价值观共有五个方面：亲爱关怀、互尊互敬、孝顺尊长、忠诚承诺、和谐沟通。新加坡国会在 1994 年通过了《赡养父母法案》以强化家庭价值观。

1998 年，新加坡教育部颁布教育目标作为各教育阶段的中心目标。教育部将这次颁布的教育目标视为适应知识经济与全球化趋势的开发与评价课程的基础依据。该目标显示出各教育阶段所要培养的教育素质与能力指标，已成为新加坡“公民道德教育”课程改革的重要依据。颁布的教育目标一方面注重“改革精神”、“冒险精神（即创业精神）”、“创造性”等能力目标，另一方面也强调培养公民的“全球公民意识”和对新加坡的忠诚。①

二　新加坡公民责任教育的主要内容

（一）国家意识教育

新加坡是一个多种族、融东西方文化于一体的国家。新加坡现有常住人口 461 万（2008 年），其中，76.8% 是华人，13.9% 是马来人，7.9% 是印度人，1.4% 是其他民族（2000 年）。② 居民人口主要由华人、马来人和印度人等三大种族构成。在历史、文化、宗教信仰等方面，三大种族都存在着极大的差异，而且这些移民与原居住国有着密切的文化联系，甚至对原居住国怀着强烈的国家、民族认同的情感。因此，早在建国初期，新加坡政府就非常重视爱国主义教育，新加坡学者称之为国家意识教育。构

① ［日］岭井明子主编：《全球化时代的公民教育》，姜英敏编译，广东省出版集团 2012 年版，第 77 页。

② ［美］中情局（CIA）：《世界概况——新加坡》（http：www. cia. gov /library/ publications/ the – world – factbook/geos/sn. html）。

建以国家意识为核心的共同价值观，使公民对国家产生积极的认同感，不仅在形式上，而且在心理上认同“我是新加坡人”。新加坡政府和领导人非常重视培养学生的国家意识，以各民族都能接受的方式向国民灌输“我是新加坡人”的国家意识，使人们产生归属感和责任感，在心理上认同“一个民族，一个国家，一个新加坡”，并在这一旗帜下为新加坡而奋斗。新加坡前总理李光耀认为，重视对新加坡人国家意识的培养，便是建设好国家的关键，“新加坡人是一个出生、成长或居住在新加坡的人，他愿意维持现在这样一个多种族的、宽宏大量、乐于助人、向前看的社会，并时刻准备为之献身”①。

从1988年开始，新加坡每年都要开展一次“国家意识周”活动以凝聚国民的国家意识。在制定的中小学公民教育目标中，就把国家观念、培养爱国意识放在第一位，明确提出公民教育的目标就是要培养学生成为有国家意识、社会责任感和正确价值观念、能明辨是非的良好而有用的公民。为了促进种族和谐，宗教宽容，增进华人社会与非华人社会之间的共识，1991年，新加坡国会通过了人民行动党政府提出的《共同的价值观》白皮书，经过讨论，将共同价值观的内容定为“国家至上，社会为先；家庭为根，社会为本；社会关怀，尊重个人；协商共识，避免冲突；种族和谐，宗教宽容”。这是新加坡继提出“儒家价值观”、“亚洲价值观”以来对自己所倡导的价值观的又一种阐释，是在吸收了各种族文化特别是儒家文化基础上为达成各种族间共识而提出的新的价值理念。

从方法上，新加坡的共同价值观的建构源于新儒家学者杜维明的“掘井”理论。杜维明认为，新加坡是一个多元种族、多

① ［英］阿里克斯·乔西：《李光耀》（中译本），上海人民出版社1976年版，第368页。

元文化和多元宗教的国家，它唯一要寻求的是创造性的一体化，一种寻求文化认同和普遍观点的结合。他说："实现这个一体化的过程类似于掘一口井。若是我们挖到了足够的深度，我们就应该能达到人性的共同泉源和交流的真正本源。若是达不到这个深度，我们就会葬身于自己挖的洞穴里。假定我们根本不去挖，而是指望着水可以从接近地面的一个共同泉源中汲出来。那就要记住，这样的泉源是肤浅的、很容易干涸的……我们必须挖掘新加坡多民族和多文化的本源，从而达到社会的共同泉源。"① 在他们看来，现在新加坡政府所提倡的共同价值观，就是新加坡挖掘各种传统文化本源而达到的社会的共同泉源，而在儒家伦理中，可能表现得最为清晰。但这个泉源是否真的挖得相当深，而且达到了不可再挖的深度或者还只是刚刚挖掘，而有待于进一步挖下去，都可能还是个问题。并且，他们这样挖的方向是否正确，都不在他们讨论的范围内。但有一点是很清楚的，文化继承的挖掘工作是一项长期而持久的任务，需要人们做艰难的工作。②

共同价值观的第一条就是"国家至上，社会为先"。国家至上，就是把国家放在至高无上的地位，而社会为先，是指个人与社会的关系，社会永远高于个人，国家整体利益是社会利益的总代表，个人服从社会利益，也就是服从国家利益。并且，国家高于社会，高于一切。白皮书指出，把社会和国家的利益置于个人利益之上，一直是新加坡成功的主要因素，它使新加坡能克服许多艰难的挑战。可以说，这一条最集中地体现了新加坡公民教育的国家主义的原则。作为共同价值观的核心思想，它也体现了新

① 杜维明：《新加坡的挑战——新儒家伦理与企业精神》，生活·读书·新知三联书店 1989 年版，第 205—206 页。

② 龚群：《新加坡公民道德教育研究》，首都师范大学出版社 2007 年版，第 106—107 页。

加坡的根本政治原则和伦理思想的基本原则。

总体而言，共同价值观充分考虑了新加坡多元种族、多元宗教的国情，主张国家与社会利益高于个人利益；视家庭为社会构成的一个重要单位，强调家庭稳定；重视国家、社会、家庭与个人之间的利益联动与平衡，强调个人价值应受到尊重，强调对弱者的扶助与关爱；强调以协商化解矛盾冲突，维护并珍视大局的团结；主张种族与宗教的和平共处、忍让与宽容。新加坡政府设置了专门负责公民道德建设的机构，选定了专职工作人员，着力强化公民的国家意识，加大公民责任教育的力度。经过多年的努力，新加坡政府已经将这一共同价值观深深植入公民的意识中，并具体化为社会生活的基本原则。正如李显龙所说，“这种国家意识是一种国民独特的气质和精神，是一个视其有而又与他人和其他国家不同的核心价值观，它是一种巩固社会和政治制度的信念”①。

（二）儒家伦理与道德教育

在新加坡，国家全面干预公民道德教育，政府统一制定学校公民道德教育的课程，规定课时，编制统一教科书和参考书。前总理李光耀在1982年华人农历春节献词中，号召新加坡人要发扬传统儒家伦理中具有时代意义的价值内容，并将其概括为“忠孝仁爱礼义廉耻”，视为每个新加坡人都应该践行的八种美德。他特别强调要防止新加坡变成“伪西方社会”，并把这一问题提高到国家存亡兴衰的高度上来。②

“忠”即热爱和效忠国家。为了国家利益而随时准备牺牲个

① 龚群：《新加坡公民道德教育研究》，首都师范大学出版社2007年版，第108页。

② 江国华：《宪法与公民教育》，武汉大学出版社2010年版，第250页。

人利益。由于新加坡是个由多民族移民组成的海岛国家，建国历史短，谈不上有深厚的历史根基。因此，政府一向致力于培养国人的认同意识和效忠国家的思想意识，强调国家利益高于个人利益。一定要培养国民牢固的国家归属感与凝聚力，靠国人自己的努力，建立一个属于新加坡人自己的国家。显然，这与封建时代对皇帝君主的个人愚忠是截然不同的。“孝”即孝顺长辈，尊老敬贤。他们认为，孝乃伦理之源，孝当以孝敬父母，维护家庭为本。假如孝道不受重视，则生存体系就会变得薄弱，而文明的生活方式也会变得粗野。“仁爱”，即要富有同情心，关心他人。新加坡人应都来当仁人君子，“做一个有人情味的人”。李光耀政府也承认，现代化带来的一个消极后果就是出现“社会疏离感”。新加坡需要民族融洽，家庭和睦，邻里友善，劳资和谐，师徒关爱，夫妻互爱，而绝不是相反。这是达到社会稳定国家繁荣的重要保证。“礼义”，即礼貌与信义。李光耀解释说，“礼貌是文明社会的一部分”，“礼貌是一种美德”，“礼是人与人相处之道”，“所谓礼貌就是彬彬有礼，温文尔雅”，它通常是“教养出来的”。义即信义，内容包括政府与人民，不同民族之间，人与人之间的重承诺、守信用、诚相待、少猜忌。无此一条，对一个多元宗教、多元民族、多元文化的新兴国家是绝对不行的。“廉”，即为官清廉，为政清廉，乃为官之德行。为官不廉，则民弗信也。政府对官员廉政要求甚严，处置更严，这是这个国家能够兴旺发达、政府与执政党受到民众广泛支持的关键因素之一。“耻”，即羞耻之心。政府教育的目的，是要青少年分辨羞耻荣辱，培养知耻观念，抵制因现代工业文明的冲击而出现的人的道德沦落与羞耻心丧失现象。[①]

同时，新加坡政府不断采取措施弘扬民族文化，抵制西方

① 曹云华：《新加坡的精神文明》，广东人民出版社 1992 年版，第 71—76 页。

价值观，努力建立一个具有道德意识和凝聚力的社会。新加坡各级学校都设有专门的道德教育课程，向学生灌输适合国家的东方道德价值观，训练学生的道德判断能力，教导学生处事待人的道理，使学生明白身为年轻公民的责任。在内容上，以“强调东方价值观，培养具有良好道德素质的一代新人”为核心——新加坡的这种德育教育思想渗透着儒家思想的精髓，例如修身、齐家、治国、平天下等儒家主张的人格养成的思想；在施教方式上，坚持以学生为中心，采用文化传递法、设身处地考虑法、价值澄清法和道德认知发展法等教学方式，使学生通过表达个人经验、个案研究、角色扮演、模拟小组讨论和个人反省等活动，达到以实际行动改变行为的效果。[①] 为了加强中小学的道德教育，各中小学校均设有德育教研室，挑选优秀的教师讲授这一课程，校长还亲自担任德育教研室的主任。学生升学时，道德课的分数要记入总成绩。20 世纪 80 年代初新加坡在道德教育中的宗教知识课里增设了“儒家伦理”科目，以加强儒家道德观念对学校德育的影响。此后，政府通过报刊、电台、电视台等大众传播媒体对“儒家思想与新加坡现代社会”展开公开的讨论，从港台及海外邀请了儒学专家来新加坡作演讲和专题研讨，以助力儒家伦理思想的推行。在国内外专家的帮助下，确定了适合新加坡国情的儒家伦理思想概念，编制出课程的大纲和教材。1985 年教材正式出版使用。这使新加坡成为世界上第一个把儒家伦理编成教材，并在学校里正式开设儒家伦理课的国家。20 世纪 90 年代宗教课和儒家伦理课程被取消，其后新加坡开设的公民与道德课程吸收了大量的儒家伦理精华，渗透了东方文化中的优良传统。如小学课程包括

---

① 江国华：《宪法与公民教育》，武汉大学出版社 2010 年版，第 250—251 页。

个人、家庭、学校、社会、国家五个主题，共有 35 个德目，其中如自尊、自信、诚实、节俭、敬业、乐群等都是儒家伦理的德目。而且在道德目标的具体要求中，更是按照儒家的思想去阐释和提出。①

这种把儒家思想贯穿在公民道德教育始终，并渗透在新加坡公民教育的每一个细节中的做法，对新加坡公民的良好的道德素质养成起到了非常重要的作用。

（三）法制教育

新加坡是一个高度法治的国家，也非常注重法制教育。在新加坡政府看来，精神文明的建设和发展，必须有相应的法制和社会政策作为基础和保障，必须通过立法和制定政策，强制人们遵守共同的行为规范，形成良好而文明的社会秩序和社会风尚。因此新加坡把道德教育在内的精神文明建设的许多内容纳入了法制化轨道。如对随地吐痰、乱扔废弃物、随地大小便、便后不冲水、乱涂乱画、随便攀折花木、在公共场所抽烟、吐口香糖渣等在世界各地法典中都无案可查的内容，都一一立法规定相应处罚并严格执行。其中值得一提的就是新加坡罚款不同于其他国家，不仅项目多，而且数额大。如在禁止吸烟的地方吸烟罚款 500 新元相当于 240 美元；在路上乱丢弃垃圾和随地吐痰，除罚款 1000 新元外，还要挂着“垃圾虫”的牌子在繁华的地段打扫卫生若干天。对于小偷小摸者一经抓获，将判笞刑三鞭。鞭子是特制的，仗鞭的人身高体壮，非常专业。行刑时要求先看到一条深陷苍白的鞭痕，而后再慢慢看到血，不使受刑者皮开肉绽都不算数。同时规定每次只笞一鞭，刑过之后，即让家人抬去医

① 王冬艳：《儒家道德观对新加坡道德教育的影响》，《北方论丛》2002 年第 3 期。

治，医好后再来吃第二鞭。一般被判三鞭笞刑者，至少要受一个月以上的皮肉之苦。所以，凡尝过这种“鞭三饭”的人，无不刻骨铭心。①

新加坡虽然是一个高度法治的国家，但中小学没有专门的法制教育课程和教材，只有到了大学，学生才开始接受系统的和专门的法制教育。即便如此，在新加坡中小学生中发生违法乱纪的现象也非常罕见。新加坡制定和完善了一系列约束青少年社会行为的条例和法规，并在青少年中进行宣传教育。对于极少数不良行为学生，学校特别设立了学生辅导中心、咨询中心或学生发展中心，用于疏导学生可能出现的各种不良情绪。有些学校实行个人导师制度，导师不仅指导学生的学业发展，还负责发现和解决学生的情绪问题、轻微不良行为问题。在教学方面，学校为违纪学生开设辅导课程，内容涉及校纪校规、公民道德、法律精神、心理辅导、代偿服务等。有些学校会在训律课配备一名法律专业教师或警察、官员，帮助犯错学生深入地学习法律守则，鼓励学生通过社会劳动和校园服务来接受惩罚，获得成长。新加坡立法体系完备，详尽具体，且是与非、罪与非罪的界限分明；大到安邦治国，小到公民的言谈举止，衣食住行都有相应的法律规定，社会生活的各个方面皆有章可循，有法可依。新加坡现行法律法规之多，法律调整范围之广，在世界上也是罕见的。在立法完备的基础上，新加坡的执法严格、处罚严厉也是人所共知的。任何人违反法律，不论是平民百姓，还是政要巨贾，即使是外国游客，都同样要受到法律制裁。美国青年费伊在新加坡因污染公共汽车，被新加坡当局判以 4 个月劳役、3500 美元罚款和 4 记鞭刑。即便时任美

① 方婷：《纵观新加坡道德教育与法制教育的融合及其启示》，《沙洋师范高等专科学校学报》2010 年第 3 期。

国总统克林顿向新加坡总统王鼎昌恳求手下留情，费伊依旧没能逃脱严厉的惩罚。[①] 严明的法律不仅得到人们内心的认同，还使人们养成遵纪守法的良好行为习惯，为道德教育提供了有力的法制保障和良好的社会环境。

新加坡不仅执法从严，而且有一套严密的执法机构，有一支精良的执法队伍，组合成强大的法治力量，是现代社会中少有的“严刑峻法”的国家，至今还保留着绞刑和鞭刑。为了从严执法，新加坡建立了一支素质高、装备先进、行动快速的公正而又高效的警察队伍和法律审判、执行队伍。执法队伍强大，有 1 万多名警察，9 个警署，96 个派出所；还有近万个居民委员会实行警民联防；全国还设有 199 个预防犯罪委员会。一旦有人触犯法律，具有现代化装备的武装警察迅即赶到现场。对触犯法律之人，警察局和法院将或罚款、或拘留、或教养、或坐牢、或处死，依法实施或判决，绝不手软。新加坡法律规定公务员不准收受礼品，凡有商业价值又推辞不了的礼品，收下后必须向本单位常务秘书报告，并上交国库，也可以由财政部估价，由本人付款购买。公务员不许接受宴请，不许进酒吧、舞厅、红灯区等。[②]

新加坡对违法犯罪者的处罚是相当严厉的，除了死刑和其他各种刑罚外，罚款被广泛应用，而且数额很大。[③] 这使得新加坡的法制教育在温和的说教背后，有了无情的法律和法规作为社会的保障。在新加坡，学校和社会秉承其政府强调的自律、自我约束、自我监督的要旨，注重给青少年营造一种自律的学校环境和社会氛围，把种种要求体现在日常的教学、管理中，取得了良好

① 郑文姬：《新加坡“德法兼施”德育特色对高校德育的启示》，《云南社会主义学院学报》2013 年第 2 期。

② 邓秀华：《日本新加坡的德法兼治》，《新东方》2004 年第 6 期。

③ 梁金霞：《中国德育向公民教育转型研究》，知识产权出版社 2009 年版，第 238 页。

的效果。[①]

（四）家庭价值观教育

新加坡政府高度重视家庭在公民责任教育中的重要作用，通过种种渠道促使良好家庭氛围的形成，引导和促进家庭教育，使之与学校教育和社会教育相辅相成，从而增强教育的实效。

新加坡虽然在经济发展的道路上致力于向西方学习，但在文化价值观上却致力于恪守东方价值观，尤其是儒家价值观。儒家价值观是非常重视家庭和谐、家庭教育的，父慈子爱，兄友弟恭一直是儒家所宣扬和尊崇的境界。为此，新加坡先是把儒家的"八德"即"忠孝仁爱、礼义廉耻"加以阐释，赋予了新的内容。在这"八德"之中，排在第二位的"孝"是一个非常重要的内容。"孝"，即孝顺长辈，尊老敬贤。他们认为，孝乃伦理之源，孝当以孝敬父母，维护家庭为本。假如孝道不受重视，则生存体系就会变得薄弱，而文明的生活方式也会变得粗野。1991年新加坡政府颁布的《共同价值观》白皮书里就阐明了家庭在社会发展中的重要作用。政府又于1993年针对家庭问题特别制定并公布了"家庭价值观"。其内容包括："亲爱关怀，互敬互重，孝顺尊长，忠诚承诺，和谐沟通。"

新加坡领导人认识到，新一代新加坡人追求个人安逸享乐，不尽孝道，甚至把年老的父母视为妨碍自己追求物质享受的绊脚石，其根本原因是西方价值观的侵蚀。李光耀认为："如果让这种现象蔓延，将会危害到社会的基本单位，从而使新加坡社会瓦解和堕落。对此，政府不能坐视不理。"李光耀明确指出，要避免使新加坡成为"伪西方社会"，必须保持两个基本价值观，"一是社会高于个人，二是家庭是社会的核心"。吴作栋也表示，

① 《新加坡法制教育掠影》，《思想理论教育》2010年第6期。

他不赞成西方那种把个人权利放在家庭和社会之上的“本末倒置的做法”。他认为：“没有家庭，就没有个人，而社会又是由家庭组成的。这种价值观对我们至为重要。”① 新加坡很重视在学校道德教育中灌输家庭伦理，政府在中小学开设了八年的儒家伦理道德课，“家庭为根”是儒家伦理课的重要内容。后来虽然取消了儒家伦理课，但在随后取而代之的“公民与道德教育”课程仍将“家庭”作为五大主题之一。他们认为，家庭是学生的个体认识由个人延伸至社会和国家的起点和重要纽带。为了促使一个个德育目标的落实，他们将这五大主题细化成了 28 个“德目”。其中有关家庭的有四个德目，分别是孝顺、家庭凝聚力、尊敬长辈和维护家庭声誉。在中学三年级的课程中，又将“吾爱吾家”作为重要的教学内容，教学目的是“肯定家庭生活的意义”，其中包括两个单元，一是“家庭各成员扮演的角色”，二是“维持家庭和谐”②。

为了强化家庭价值观，1994 年，新加坡政府国会通过了《赡养父母法案》。该法案从法律上保障了老年人的合法权益，也体现了新加坡政府维护传统的家庭伦理价值观的决心。《赡养父母法案》中，政府还提出了具体的家庭守则：子女对父母要用亲切称呼，父母或长辈讲话时，子女不要插嘴，父母或长辈呼唤子女要随叫随到。政府还有一项特殊的政策：在分配政府组屋（新加坡的一些房子由政府下属的建屋发展局开发，然后以优惠的价格出卖给国人，相当于我国的经济适应房开发中心开发的“安居工程”房）时，对三代同堂的家庭给予价格优惠和优先安排；年轻夫妇首购住屋，可获 4 万元津贴，如所购房子与父母居

① 毕进军：《论政府对和谐家庭和家庭教育的促进作用——兼谈新加坡的经验》，《三峡大学学报》（人文社会科学版）2007 年 6 月专辑。

② 同上。

住靠近，可再多得1万元。如子女同丧偶的父亲或母亲一起居住，则父（或母）所遗房屋可享受遗产税减免优待。①

（五）新加坡公民责任教育的远景目标：创建优雅社会

新加坡政府早在1988年就提出了一个建设"优雅社会"的道德远景目标。新加坡政府希望通过订立这样一个目标，使世人看到，新加坡人不只是经济动物，不但追求经济上的成就，新加坡还有一个兼具经济与文化以及精神发展的全面性目标。优雅社会这个概念，就是这个全面性目标的表达。那么，到底什么是优雅社会呢？自政府提出这个目标后，新加坡人进行了广泛的讨论，并形成了一些共识。

一个优雅的社会是一个文化修养水平很高的社会，而且也必须是一个人人有礼、富有温情的社会。1999年，时任交通及资讯科技部部长的林瑞生认为，优雅社会是"一个人如何对替他服务的人，例如怎样对待服务员或的士司机，足以反映出他处事待人的真正心态。例如要成为真正优雅的社会，我们每一个人无论是对待朋友或上司，生人或下属，态度应该都要一致，决不能持有两种截然不同的标准"②。新加坡把平等待人、平等尊重人，看作是优雅社会的最重要的标准，这里既涉及道德精神，也涉及人民的礼貌行为。

优雅不仅包括人与人之间的礼貌和道德水平要求，优雅与文化息息相关。文化发展是优雅社会建设的重要基础。1989年，新加坡专栏作家余长年指出，在我们的邻人眼中，新加坡是一个崇尚物质的社会，由于提倡工业发展而迅速西化，由于我们的财

① 毕进军：《论政府对和谐家庭和家庭教育的促进作用——兼谈新加坡的经验》，《三峡大学学报》（人文社会科学版）2007年6月专辑。

② 林瑞生：《迈向优雅社会》，《联合早报》1999年8月9日。

富以及所受的教育不同，而变成傲慢、与本地区不协调的国家。针对这种不良现象，新加坡政府提出了解决的策略和建议。一般认为，新加坡在建国之初，主要致力于经济建设与社会基础的营建，忽略了文化及公民的精神建设。为了纠正存在的诸多社会问题，新加坡领导人提出“优雅社会”的远景，先后成立多个专门的机构，为落实优雅社会的理想而制订出各种方案。新加坡早期移民多来自中国大陆的失地农民，人文素质偏低，新加坡为此迫切需要提高公民的人文素质，没有文化的构建，建设优雅社会就是空谈。在今天新加坡经济上取得骄人成绩的条件下，已经有足够的经济条件去发展人文教育。1990 年，政府官员建议，制订全民文化总计划，以达到优雅社会。[①] 换言之，提出优雅社会的目标，使得新加坡政府感觉到了文化发展的紧迫性。优雅的社会养成需要公民教育的灌溉，只有给青少年提供正确的道德和文化熏陶，那才能培养出优雅的公民，所以构建优雅的社会还需长期的公民责任教育。

优雅社会是一个文明社会长期建设的过程。新加坡政府开展了 20 多年的坚持不懈的礼貌运动，再加上新加坡完备而严厉的法治管理，新加坡城市的文明程度达到一个很好的水平，城市的文明卫生与清洁程度为世界所称誉。

在新加坡人看来，优雅社会作为人们所共同追求的美好社会，需要具备这样三个基本方面：一是环境优美。新加坡组屋的环境和政府大面积的绿化，美化了居住环境和城市环境，这是实现优雅社会的重要条件。二是行为优雅。良好的环境需要优雅的行为来配合，这样才能使生活美好。优雅的行为须从小培养，家庭和学校对于公民的道德观念的形成起着重要的作用，加强公民

---

① 龚群：《新加坡公民道德教育研究》，首都师范大学出版社 2007 年版，第 135—136 页。

的道德教育，提高公民的道德素质，培养他们的道德意识、公德心和爱心。新加坡人认为，个人的言行直接反映一个人的素质，并影响生活的素质与品位。即使有优美的居住环境，也会因一些人的不良行为所破坏，如乱丢纸张、损坏电梯等。三是语言优美。语言表现一个人的文化程度和修养。即使有好的自然生态环境和居住环境，如果在公共场所随处听到粗言粗语，那社会还如何优雅？①

新加坡人认为优雅社会的建立，至少可以分为以下四个阶段：

（1）“怕罚而不做的阶段”。目前，很多新加坡人的行为还停留在这个阶段。如非法停车、乱丢垃圾、边开车边用手机等。为了解决这些问题，政府立法加重了处罚，但是问题还是无法改善。（2）“知耻而不做”的阶段。如果新加坡人能自觉地意识到做了不文明的行为而脸红的话，形成这样一种知耻的普遍心态，社会发展就会进入到另一个阶段。（3）“顾及他人利益而不做”的阶段。如果一个人不非法停车，是因为他考虑到非法停车给他人造成的不便甚至危害了他人的安全。这样思考的国民的素养肯定是不差的。当国人的文明行为增多，是因为他们更多地顾及了他人的利益而不愿意再鲁莽行事时，新加坡的社会发展就进入到又一个新的阶段了。（4）“牺牲自我利益，成全他人”的阶段。当新加坡人不再刻意地强调“个人的权利”，而是宁愿牺牲自己的时间和金钱，从事义工服务，互助互爱，协助不幸人士。当更多的新加坡人能够主动关心他人，甚至自动自发地关心动物，保护环境，这样的社会才是优雅的，而优雅的社会必定是温

---

① 龚群：《新加坡公民道德教育研究》，首都师范大学出版社 2007 年版，第 136—137 页。

馨的。[①]

新加坡政府一直在倡导建设“优雅社会”，并且开展了形式多样、富有成效的公民责任教育实践活动，但优雅社会建设任重而道远，它应该是一个文明社会长期持续发展的方向。这正如李显龙在2008年新加坡国庆群众大会上所说，“新加坡社会的文明程度还不够理想，需要持之以恒地花力气去做广泛深入的教育工作”[②]。

三　新加坡公民责任教育的实施途径

（一）学校教育是公民责任教育的主渠道

新加坡小学阶段和中学阶段都有《公民与道德教育》课程，两个阶段内容虽不同，但目标一致并互相连接。在新加坡的专科院校，也设有公民科的教育。而大学阶段的公民教育主要关注“领袖的挑战”这一主题，教育目的在于重视与发展学生的领袖潜能。大学的公民责任教育是一种精英公民教育，要使学生意识到他们对新加坡所负有的非一般的责任。鉴于本书的主题，下面重点介绍大学生的公民责任教育。

新加坡大学的公民责任教育是“精英教育”，新加坡教育部对大学生的公民责任教育的内容没有统一和具体的规定，因而不同的高校内容有所不同，主要包括以下几方面内容。

1. 公民品格教育

新加坡高校普遍对学生进行公民品格教育，即培养学生的核心价值观，如爱国、诚实、勇敢、合作等。如新加坡淡马锡理工

① 龚群：《新加坡公民道德教育研究》，首都师范大学出版社2007年版，第137页。

② 《建设优雅社会不放松》，《联合早报》2008年8月19日（http：//www.zaobao.com/special/report/singapore/ndp2008/story20080819—99247）。

学院在 1997 年推行了品格教育课程，增设了社区服务，以培养学生的爱心和责任感。“品格教育课程通过个案，讨论和郊游等方式将廉洁、进取、毅力、关怀、合作和尊重别人的价值观传递给学生。这些价值观不但对学生将来有所帮助，在个性发展上也将终身受用无穷。”①

2. 儒家伦理教育

新加坡大学为培养具有崇高品格的新加坡公民，广泛开设儒家伦理课程，作为必修课或选修课。具体体现为：（1）培养学生的儒家伦理观和东方价值观，使之成为有理想有道德的人；（2）使学生认识华人优秀的道德观念和文化传统，感知自己的根源所在；（3）培养学生积极而正确的人生观，倡导学生过有意义的生活；（4）帮助学生学会确立良好的人际关系。② 大学公民责任教育采取合理课程内容和教学形式，设计的教学结构是以东方价值观为内容，以西方教育原理和方法为形式，彰显了新加坡公民教育的独特之处。

3. 公民国家意识教育

在国家公民教育政策指导下，新加坡的高校公民责任教育进行了新一轮的改革，采用正式课程与非正式课程相结合的方式开展国家意识教育，向学生灌输国家核心价值观，培养国家认同和国家意识。正式课程方面，理工学院的教育内容在于强调国家的继续生存和繁荣，取决于他们的工作素质。本科大学则是通过讲课、讲座、校内外的观察与报告、专题讨论，使大学生能够认清自我价值，以及自身所担负的公民责任，即国家或社会各领域都

---

① 戴胜利：《大学思想政治教育的比较研究》，上海教育出版社 2006 年版，第 298 页。

② 李林：《新加坡公民教育研究与启示》，太原科技大学，2010 年硕士论文，第 23 页。

取决于他们作为优秀公民的领导能力和素质。作为精英的大学生有责任去努力学习，回报社会。此外，非正式课程有课外活动、节日庆祝活动、参与公共部门的实践、社区义务工作等。

（二）家庭教育是公民责任教育的基本渠道

新加坡政府认为家庭是国家大厦的基石，是社会稳定的基础和保障，和谐的家庭有助于促进整个社会的稳定与发展。李光耀曾说："家庭是社会的最基本的单位，只有家庭和睦、团结，才能谈上国家的长治久安，凡是热爱新加坡、效忠新加坡的人，首先要热爱和效忠自己的家庭。"①

建国之初，新加坡人口众多而土地面积狭小，各种资源也很匮乏，频繁发生政治动荡，种族冲突十分严重，社会矛盾非常尖锐，人民生活困苦不堪。面对这些纷繁复杂的问题，政府找到了家庭这一突破口。他们认为家庭问题是社会问题的根源，为此他们以家庭为突破口，推行一系列维护家庭稳定的社会政策，力求解决一系列社会问题。例如，大力推行"居者有其屋"计划，由政府出面建设了大批廉价组屋，满足社会中低收入家庭的住房需求，使许多低收入家庭也能有固定的居所，把一个个家庭稳定下来，并为建设自己更美满的家庭而努力奋斗。这有效地缓解了种族冲突，维护了国家政局的稳定，为新加坡的繁荣发展创造了有利条件。政府高度重视在公民教育与社会教育中宣传家庭价值观。

在这样的大背景下，新加坡人十分重视家庭教育。新加坡良好的家庭教育主要体现在以下三个方面：

1. *承担父母应有的抚养教育孩子的基本责任，以负责任的*

---

① 谢永亮：《小国伟人智谋大师李光耀》，中原农民出版社1997年版，第391页。

形象为孩子树立榜样。

父母是孩子天生的老师，家庭的熏陶在一个人的成长过程中具有潜移默化的作用，家庭教育是人一生中接受时间最长、影响最深刻的教育。新加坡人认为，家庭教育是人生的第一课堂，身教重于言教。父母作为孩子的第一任老师，其文化修养、价值理念和言行举止等，不仅影响孩子智能的发展，而且对他们的人生选择、道德养成和人格完善等也有重大影响，父母必须不断提高自身的素质，做到品行端正，不断增强自身的人格魅力，以负责任的形象为子女树立良好的榜样，使子女在潜移默化中形成良好的品德，塑造良好的性格，培养积极的行为习惯，让孩子健康地成长。

2. 重视孩子的人格养成，培养孩子对家庭的责任感。

新加坡人十分认同儒家“修身、齐家、治国、平天下”的人格成长序列的思想，十分注重培养孩子对家庭的责任感，并认为只有对家庭尽责任的人日后才有可能对国家尽责，为国家的发展和社会的进步做出贡献，成为积极的责任公民。家庭是个人最初习得道德的场所，新生儿就像一张白纸，家庭中的道德教育在孩子的品德形成中起着重要的奠基作用，因此，新加坡人非常注重对孩子的道德教育，并在实践中增强其自身的情感体验。例如，教育孩子尊重和孝顺长辈并照顾家中的老人，让孩子自己整理房间、洗衣服，照顾好自己，不让父母担心等。通过一系列的道德实践，培养孩子对家庭的责任感和荣誉感，为他们日后成长为责任公民而打好基础。

3. 创造温馨和谐的家庭环境，关注孩子心灵的健康成长。

家庭环境对人的成长具有重要的影响，温馨和谐的家庭环境有利于促进家庭教育的顺利进行，也有利于孩子的身心健康成长。新加坡人非常注重和谐家庭环境的塑造，努力提高家庭的生活质量，营造融洽的家庭氛围，家庭成员之间和睦相处，并经常与孩子进行沟通，注重孩子心灵的健康成长，把孩子培养成为一个具有健康人格的公民，为孩子将来的生活奠定良好的基础。[①]

（三）社会教育是公民责任教育的重要渠道

社区服务是新加坡对“小公民”进行公民教育、培养公民技能一种十分重要且颇有成效的途径。为了培养公民意识与公民行为相统一的新加坡公民，除了校内的主题班会、团队活动等半社会性质的公民参与模拟训练外，在实际生活中培养公民技能更加富有成效。1990年，新加坡教育部制订和推行了一项学生社区服务计划，学校将学生社区服务的情况作为考核的重要标准，旨在培养学生建立正确的价值观，从小养成服务精神。该项计划包括六个方面的活动：（1）“好朋友”计划；（2）关怀与分享计划；（3）负起校内的领导责任；（4）到福利收养所和儿童组织服务；（5）清洁环境计划；（6）临时服务，如春节慰问活动、慈善乐捐活动等。[②] 教育界人士认为，社会服务不仅可以使学生有机会参与公共服务，了解政治生活和政治运作的过程，还可以使学生在为他人服务中获得成就感，并能借助服务而获得个人未来生涯发展所需的支持，公民责任感也在社会服务中培养起来。政府经常举办“睦邻周”、“礼貌周”、“国民意识周”等活动，让学生们参与社会生活，如开展社区志愿服务、举行募捐活动、宣传和参与环境保护活动等，以增强他们的社会义务意识和环保意识。其目的是培养人们服务社会的意识和习惯，强化公民与人为善、互助友爱的良好品德。社区服务活动既与学生的专业学习

---

① 任海珍：《新加坡家庭教育浅析》，《网络财富》2010年6月刊。

② 田玉敏、张雅光、赵艳芹：《新加坡中小学的公民道德教育及借鉴》，《伦理学研究》2003年第6期。

有关，还能促进社区的经济和社会发展，并能使学生的专业能力和社会责任感得到加强，因而深受政府、社会、学校各方的重视和关心。可以说，社区服务是提高新加坡中小学生的公民素养，增强其社会责任感的有效途径。

就大学而言，公民责任的培育也借助于丰富多彩的课外活动和社会服务。新加坡大学十分重视德育活动课程的组织和研究，这些德育活动主要有学校的社团活动、社区服务活动、参与学校管理的“学生自治活动”等。内容丰富、形式多样的德育活动培养了大学生良好的道德品质、和谐的人际关系和卓越的领导才能。在社团活动方面，新加坡国立大学成立了学生政治协会、历史协会等社团，经常组织学生讨论时事政治问题，有些论坛和对话活动还邀请新加坡的政界名流参与。活动的议题很广泛，涉及恐怖主义、利他主义等众多影响国计民生的问题。在社区服务方面，“学生指导计划”是新加坡国立大学颇有特色的社区服务活动，该计划在促成国大本科生参与指导中学生，帮助有不良倾向的少年改过自新的同时，也使大学生更透彻地理解人性，更自觉地关爱他人。在参与学校管理的“学生自治活动”方面，国大许多事务委员会如校饮食委员会、图书馆委员会等都设有学生代表，学生在参与学校教学、服务、管理的过程中，找到个性发展的平台，发挥个人潜能，也深切体会到学校对学生个体的重视。①

四　新加坡公民责任教育的经验

（一）政府官员率先垂范，做廉洁自律的公民道德楷模

新加坡的廉政建设举世闻名，政府多年来被评为世界上最廉

① 孙义兰：《中国与新加坡当代大学德育的比较研究及启示》，兰州大学，2010年硕士论文，第57页。

洁的政府之一、亚洲最廉洁的政府。2003 年，由非政府组织透明国际发表的 133 个国家或地区年度环球贪污指数报告中，新加坡名列第五。为了表彰新加坡在廉政建设上的突出成就，透明国际机构在 2000 年将“环球廉洁奖”颁发给李光耀，奖励他对新加坡政府的廉洁所做的工作。①

新加坡政府自成立以来，一直把廉洁政府建设作为一个重要目标。他们认为，一旦领导人廉洁程度不够，他们对高水准的要求就不会严格，从那个时候起，整个行政的廉洁结构就会软化，异最终崩溃。新加坡政府把具有廉洁作风的人，作为选拔领导人的首要条件。在他们看来，领导人如果没有高度廉洁的作风、献身精神和办事能力，社会经济必定走下坡路。而廉洁的政治环境，是新加坡的最宝贵的资源。

新加坡政府能够做到这一点，关键在于有一套较为完善的肃贪倡廉的法制制度。首先，新加坡实行严格的选拔录用和升迁考核制度。除政务官是选举产生外，普通公务员都是通过公开考试、平等竞争及择优录用的办法公开招聘的。招聘过程中，人事部门不仅要对其进行考试、身体及学历和资历的审查，更注重对个人品行的审查，以便有效防止那些才华出众但品行不端的人进入政府系统，从而确保政府公务员队伍的道德品行素质。在公务员晋升上，不仅要对其业绩进行考核，更注重对其任职期间的道德品行表现进行考核，查其是否有不道德或违法之举。其次，新加坡建立了严密的防范和监督体系，加强反腐败的法制建设。1960 年，新加坡议会通过了《防止贪污法令》，后经数度修改，该法虽然只有 35 条，但规定得非常严密、详细和明确，具有相当强的可操作性，一方面使得执法人员能够迅速公正地断案，一

① 龚群：《新加坡公民道德教育研究》，首都师范大学出版社 2007 年版，第 132 页。

方面使得犯罪分子无空子可钻。经过40多年的努力，新加坡已建立起了一套完整有效的反腐防腐法律和制度，包括《公务员法》、《公务员指导手册和纪律条款》、《预防贪污贿赂法》、《没收贪污贿赂利益法》、《公务员惩戒规则》、《防止贪污法》、《财产审核法》和《中央公积金制度》等。再次，加强反腐败的机构建设。新加坡贪污调查局是该国打击和防范贪污贿赂行为的最高机关，直属总理公署，局长由总统任命，只对总理负责，不受其他任何人指挥和管辖。贪污调查局的主要职责是：受理公众举报、查处腐败案件、预防腐败发生。为保证贪污调查局能够有效地与贪污行为做斗争，新加坡先后制定并多次修订《防止贪污法》等法律，使贪污调查局拥有包括秘密调查权在内的令人生畏的特殊权力，如刑事调查权、秘密调查权、特别搜查权、无证逮捕权等。当然，为保证贪污调查局正确、恰当地行使权力，也有两个方面的制衡措施。一方面，贪污调查局只有调查权而没有检控权和定罪权，检控权由律政部负责，定罪权由法院负责。另一方面，贪污调查局局长须随时向总理报告有关调查情况（不影响依法独立调查），贪污调查局人员涉嫌贪污和徇私枉法，包括局长在内的被调查人员必须停职。最后，重视政府公共服务的效率和质量，大力推进电子政务建设。在新加坡，公职人员不准讲“三句话”，即“不归我管”，“去别的部门询问”，“我不知道、我不清楚”。公众向政府部门打电话询问事项，“五响”之后无人接听，即可投诉。政府还经常开展亲企业、亲民众运动，在每个政府机关都设“客户服务中心”。新加坡政府对公务员素质的基本要求为品德良好和工作的高效率。政府还大力推进电子化服务型政府建设。目前，新加坡已成为全世界电子政务最好的国家，公民和外来投资者办事包括出入境，基本不需要到政府机关，只需提交电子文书即可，一切都在网上审查和审批。如此，既提高了办事效率，又减少了权钱交易的可能。[①]

新加坡的廉政建设对社会产生了积极而深远的影响，它不仅培养了公务员奉公守法的精神，而且促进全社会形成了一种公正尽责的良好的道德风尚。

（二）以共同价值观教育加强国家认同，建设社会与国家取向的公民文化

作为一个新兴的国家，新加坡在建国初期面临着严重的国家认同危机。人种的复杂和宗教派别的众多为国家的整合带来极大困难。为此新加坡政府在学校公民教育层面采取了以下措施：

1. 公民教育以增进国家认同为主要目标之一

新加坡的学校公民教育具有很强的针对性，政治色彩十分明显。在新加坡政府看来，公民教育必须服从和服务于国家现代化建设的需要。为此，在建国初期，新加坡围绕当时迫切的政治经济问题主抓国家意识和国民精神的培养，使公民产生对国家的认同感，使国民不仅在形式上，而且在心理上认同“我是新加坡人”。政府作为国家认同感教育的领导者、设计者和实施者，大力倡导团结教育、公民素质教育和传统价值观教育。学校教育特别强调“群育”，将其作为学校道德教育的核心内容。“群育”即注重合群、合作、和平共处、宽容的精神，培育人们新加坡一体的感觉。

2. 在学校教育中着力打造新加坡特色的共同价值观

为了增进各民族对国家的认同，防止各民族的文化中心主义，新加坡在学校教育中积极倡导“新加坡文化”教育。这种文化融合东西方文化的精华，具有国际性、开放性和包容性。它

---

① 李威：《新加坡廉政建设的成功做法及对我国的启示》，《南方论刊》2013年第6期。

将儒家伦理、马来人的传统观念、印度人的精神气质同西方科学精神结合在一起，力图以此找到新加坡文化上的根。1991 年政府公布《共同价值观》白皮书，将公民基本价值观规定为“国家至上，社会为先；家庭为根，社会为本；关怀扶持，尊重个人；求同存异，协商共识；种族和谐，宗教完善”等五方面。白皮书旨在强化新加坡公民的归属意识、国家利益至上意识和集体精神。

3. 运用社会教育强化公民的国家归属感

新加坡政府同时注重在社会层面上强化公民的国家归属感。其中“家”的观念的培育和“混居政策”的实施，就大大提高了国家认同教育的效果。新加坡外来人口多、流动性强，容易造成人们归属感的匮乏。为减少人们的客居感，真正将新加坡作为自己的家，新加坡政府实施了“居者有其屋”的工程，让每个在新加坡工作生活的人都有房屋居住。这一社会政策的实施，有利于增进整个新加坡人对国家的认同，

4. 注重节日等象征性符号在国家认同感建构中的作用

国家认同教育，必须依托特定的文化资源进行，在各种文化资源当中，传统节日、历史传说、名胜古迹等象征性符号起着重要作用。在各种象征性符号的运用里，节日在新加坡国家认同建设中起着重要作用。节日具有很强的“仪式”教化功能，现代国家自然而然地把它作为培养公民效忠国家、献身民族的载体。节日可分为政治性节日和传统节日。政治性节日，如国庆节、独立节等可以强化公民的爱国主义情感和对社会制度的认同；传统节日是民族文化传承的重要载体。为了增进国民的“新加坡人”意识，淡化其种族观念，新加坡特别重视政治性节日和符号在道德教育中的作用。公民从小学起就接受升国旗的礼仪教育。每年的国庆日、国际劳动节、国际儿童节等政治性节日，新加坡学校都利用这一有效时机积极增进学生的

国家认同感。[①]

（三）道德教化与法制管理相辅相成，构建积极守则的责任社会

新加坡以环境优美、管理高效、秩序井然而为世人所称颂，究其原因有一条十分重要，就是社会治理方面遵从道德教化与法制管理相结合。

公民道德建设必须以社会的法制化为保障，否则公民道德建设的大厦将立足于沙漠之上。新加坡在社会的依法管理上是很成功的，他们立法完备、详尽具体。大到安邦治国，小到公民的言谈举止、衣食住行都有相应的法律规定，社会生活的各个方面皆有章可循，有法可依。新加坡现行法律法规之多，法律调整范围之广，在世界上也是罕见的。新加坡不仅立法众多，而且规定详尽具体，在是与非、罪与非罪问题上界限分明。该做什么不该做什么，某一违法或犯罪行为该适用于什么法律法规，适用于何种处罚，都规定得非常具体清楚。在完备立法的基础之上，新加坡的执法严格、处罚严厉是人所共知的。任何人违反法律，不论是平民百姓，还是政要巨贾，都同样要受到法律制裁，没什么可变通的。在依法严格管理社会的同时，新加坡很重视加强法制教育，政府经常开展各种各样以清洁卫生、交通安全、文明礼貌案例示范为主要内容的群众活动，而且多年来逐月进行，从不间断。新加坡对政府公务员实施严格的监督机制。新加坡政府公务员实行高薪制，保证官员及其家庭的生活保持在社会的中等水平。公务员每年要填表申报自己和家属的财产，接受国人监督，一旦发现贪污者，必须重罚，令他倾家荡产。健全而严明的法

① 吴玉军、吴玉玲：《新加坡青少年国家认同教育及其启示》，《外国中小学教育》2008 年第 7 期。

治，使新加坡公民养成了遵纪守法的良好习惯。在这样的氛围下，群众受到良好的自我教育，对国家的法律法规日益熟悉，法律意识和自我约束力不断增强，全社会形成了知法、守法、做事规范的氛围。这一切使公民道德建设的顺利进行有了可靠的保障。

道德教育在新加坡的公民责任教育体系里占有重要的位置，新加坡是世界上少数几个专门开设公民道德教育课程的国家，可见新加坡政府对于德育在培育公民责任方面的重要性的高度认识。新加坡在中小学广泛开设了公民德育课程，加深他们对自己国家的认同和国情的了解，新加坡的公民德育课程融合了东西方公民教育的优点，既注重培养公民独立思考的判断的能力，又注重培养他们对国家对人民的忠诚，形成了颇具本国特色的公民德育教育体系。并且新加坡注重用优秀的儒家传统理论来对其国民性格进行塑造，向国民传输积极的价值观和道德标准，形成了内容独特、同时兼顾东西方特色的公民德育教育体系。

（四）建设家庭、学校、社会三位一体的公民责任教育网络，形成全方位公民责任教育系统

公民责任教育是一项系统的社会工程，单独任何一方都不可能独自完成，除政府的总体领导与指导外，必须依靠学校、家庭、社会的共同努力才能形成合力。新加坡极为重视学校、家庭、社会相结合的公民责任建设，这三者的有机结合，形成了纵横联系的立体德育网络，能够显著提高公民责任教育的效果。

学校是推行公民责任教育的主渠道，学校注重培养学生的爱心与责任心，使学生成为道德高尚的人，通过教学活动，不断传授学生道德知识和公民技能，培养学生的社会责任心、道德判断力和良好的行为规范。在教学中，向学生阐明个人是家庭和社会的最基本的细胞，要建立一个美好的家庭和和谐的社会，必须从

个人做起，努力提高个人修养，为社会发展和国家建设积极尽责，这样家庭才能幸福，社会才能安定。新加坡人非常重视家庭在维系社会稳定和形成公民良好品性方面的作用，因此，新加坡政府强调学校应和家庭之间建立一个良好的沟通机制，能把学生在学校的表现及时地反馈给家长，并且政府在每一所学校都建立了家长联谊会，以加强学校和家庭的沟通。学校向学生家长宣传道德教育知识，传授正确的教育方法。让学生在学校接受老师的教育，回家受到父母的教育。家庭教育主要是用一种潜移默化的方式来为下一代传递道德价值观念，家长积极配合学校教育，做好与学校道德教育的衔接工作，创造良好的家庭环境，注重学生自信心的培养。努力营造温馨和谐的家庭氛围，使青少年积极接受良好的道德观念的熏陶，从而很好地抵御西方价值观的侵蚀。可以说，无形有实、潜移默化的家庭教育是对学校公民责任教育的有益补充。在家庭教育中，新加坡人尤其强调孝敬父母，重视家庭等最具有东方价值观的道德观念。

在社会方面，新加坡政府建立了广泛的教育网络、功能完善的社区并开展各种各样的社会活动，在开展相关活动时，特别强调政府与社区的合作，讲求实效。新加坡政府经常开展各种全国性的社会运动，创造良好的公民道德建设的社会环境，进行社会公德教育。新加坡每年开展的全国性运动有 20 多个，其中经常性的运动有：讲礼貌、反对乱丢乱吐运动、忠诚周、敬老周、睦邻周、公民意识周等。在开展各种活动中，他们做到政府倡导与社团组织相结合、讲求实效。新加坡公民道德素质的提高，与上述活动有着密切的关系。在政府的引导下，在学校、家庭、社会等立体公民教育网络的共同努力下，新加坡举国上下形成了以儒家伦理价值追求为基本精神，强调正直、忠诚、诚实、信任、同情心和责任感等核心价值的社会氛围。

第六章　俄罗斯公民责任教育

俄罗斯有着悠久的历史和深厚的文化底蕴。无论是沙皇俄国时期、苏联时期还是新时期的俄罗斯，这个饱经变革的国家一直是世界历史上的独特风景。俄罗斯是一个横跨欧亚大陆的辽阔疆域的国家，正因为它有着独特的地理环境，既受到西方文化的影响，又感受到东方文化的润泽，所以俄罗斯的社会发展始终在东西方文明之间长期徘徊，这样的历史和社会文化背景使俄罗斯的民族意识带有浓重的两重性。这种民族精神会在社会的各个层面上体现出来，在公民教育问题上也不例外。俄罗斯历史上一直高度重视教育，然而其公民教育起步于苏联的政治与经济社会转型期，所以起步较晚。而且也正因为俄罗斯的公民责任教育的兴起是发生在其社会转型时期，所以俄罗斯的公民责任教育具有鲜明的时代变革特点。作为社会主义国家的中国，学习俄罗斯公民责任教育的经验并汲取教训，是具有教育意义的。

一　俄罗斯公民教育的历史沿革

俄罗斯在沙皇俄国时期，国家处于落后的封建农奴制，封闭的俄国教育远远落后于西方资本主义国家。然而彼得大帝的“欧洲之行”为当时封闭落后的俄国打开了“欧化”的窗口。曾经封闭的俄国学校教育也随着西方文化和思潮的流入，在教育理念和教育方法上开始进行变革，开启了俄罗斯教育的现代化之路。19 世纪末期，俄国社会开始发生急剧的变革，封闭落后的专制制度已无法满足俄国社会发展的需要，沙皇的专制已危在旦夕。1917 年十月革命的胜利带来了俄国社会的新面貌。托洛茨基曾说过，“革命意味着人民与亚细亚方式、与 17 世纪、与神圣的俄罗斯、与圣像的彻底决裂；革命不是向彼得之前时代的回归，恰恰相反，是使全体人民接触文明的运动，是根据人民的利益对文明的物质基础的改革”①。在当时的社会发展状况下，列宁认识到了发展教育的重要性，教育的发展牵涉经济的进步，学校教育作为社会体系中重要的一部分，必须要进行现代化的改革。曾经在教会管辖范围的学校被独立出来，开始对旧式教育进行改造，可见列宁在教育改革问题上的决心。苏联解体后，随着社会的发展与进步，民主化思想开始席卷俄罗斯人民的精神领空。教育民主化的浪潮推动了俄罗斯的公民教育。

（一）沙皇俄国时期（1721—1917 年）

俄国在 17 世纪末还是一个封建专制的多民族国家，拥有广阔的领土、丰富的资源，但教育的发展比较落后，开设的学校也是少之又少。直到 18 世纪初，彼得一世通过西化改革打开了教育学习的窗口。随着西方的文化开始传入俄国，俄国的教育也开启了它缓慢的发展进程。

在 20 世纪以前处于沙皇俄国专制统治之下的俄罗斯，学校教育内容实质上都是为了迎合沙皇专制统治而服务的，反映的是统治阶级的教育理念和价值观念。当时的爱国主义、集体主义等都是沙皇意志的体现。在沙皇俄国时代，还没有完整意义上的“公民教育”这一概念。当时的沙皇俄国无论是进行对外扩张或

① 郝宇青：《苏联政治生活中的非制度化现象研究》，华东师范大学出版社 2007 年版，第 148 页。

者抵御外来侵略，都需要国民在牺牲个人利益的前提下将所有的力量凝聚起来，为保卫和效忠沙皇的专制统治而服务，所以形成了效忠皇权的意识和集权观念。在当时的大环境下，只有“臣民”而没有“公民”，个人和社会呈现的是一种依附和制约的关系，抹杀了社会成员的个性自由以及个人价值。群体意识和集体观念是当时的核心观念，并且在以后的政治文化发展中，一直占据主流意识形态，起到了决定意义。

俄罗斯对广大民众的教育重点有很大一部分比重放在了培养俄罗斯民族性上。19 世纪的俄法战争、十二月党人武装起义，唤醒了当时思想意识先进、具有民主主义精神、文化水平较高的一部分知识分子的革命意识。别林斯基、车尔尼雪夫斯基等进步知识分子意识到，民族性和民主性并不是没有联系的，其本质和内涵是紧密相关的。一些进步的教育家开始提倡培养民众的公民性，但在当时，教育是具有等级性和专制性的，所以客观情况导致这两种教育在沙俄时期是同时存在的。而后来作为苏俄教育的传统被继承和发扬的是以民族主义为核心内容的国民教育。

（二）苏联时期(1917—1991 年)

1917 年列宁领导的十月革命是人类历史上第一次胜利的社会主义革命，建立了第一个无产阶级领导的社会主义国家，开辟了人类探索社会主义道路的新时代，使马克思列宁主义传遍世界，极大地震撼了资本主义世界。十月革命向全世界宣告崭新的社会制度由理想变为现实。它在人类历史上第一次消灭剥削和压迫的不平等社会，第一次尝试建设公平正义和共同富裕的美好社会。被压迫的无产阶级获得了独立的主人翁地位，这一时期“公民”一词在苏联社会中的使用已经比较广泛了。在当时的人际交往中，听到的最频繁的称谓就是“公民”一词，无论是国家对个人或是个人对个人，都会使用“公民”一词来作为相互之间的代称。这种现象表明，民众的社会意识已不再停留于过去，随着社会地位的提升，公民的主人翁责任感也在迅速地加强。

苏联时期的公民教育以共产主义思想政治教育为主要内容，同时大力开展了对劳动意识和劳动能力的培养教育以及社会主义道德意识教育。这一时期还没有独立的、真正意义上的“公民教育”。列宁曾在1919年俄共（布）新《党章》中指出，“无产阶级专政时期……学校不仅应当传播一般共产主义原则，而且应当对劳动群众中的半无产者和非无产者阶层传播无产阶级在思想、组织、教育等方面的影响，以培养实现共产主义的一代人”[①]。由此可见，在当时的苏联社会，培养社会主义制度下的合格公民是学校公民教育的主要目的。苏维埃社会主义国家建立后，苏维埃政权为适应国家政治、经济的发展，吸取了历史上教育实践的经验和教训，对公民教育进行了多次改革。作为第一个社会主义国家的苏联，它的公民教育有着与当时的资本主义国家完全不同的质的规定性，有着较为独特的内涵和内容。在学校公民教育体系的构件上，围绕共产主义思想品德教育的主旋律，形成了一个综合的教育系统，“这里包括马列主义基本原理、共产主义理想和信念、爱国主义和国际主义、革命传统、时事政治等方面的教育，人道主义、思想品德、美学、自觉纪律等方面的教育以及生产劳动和公益劳动方面的教育”[②]。

经过几十年的发展，苏联的学校公民教育已经形成了系统性、综合型教育，教育教学有机结合、学校社会不脱节、课内外

① 《列宁选集》第3卷，人民出版社1995年版，第725页。

② 张鸿燕：《当代俄罗斯学校德育的改革与发展》，《现代教育科学（高教研究）》2012年第7期。

教育良好衔接，充分做到了理论与实践紧密结合。在公民意识培养途径方面，苏联的学校不仅通过课堂教学来进行，还通过许多课外、校外实践活动等形式来共同实现。比如，在校内的公民教育方面，学校会为学生开设与公民责任有关的社会科学的相关学科课程作为选修和必修，来帮助学生掌握正确的思想和基本知识，帮助学生树立科学的世界观和人生观等；在校外的活动教育方面：学校会在国家性的传统节日组织学生开展相关的纪念活动，来激发学生的爱国主义情感。客观地说，苏联的公民教育体系为国家培养了一大批高素质的公民，来为国家的社会主义建设服务。

当时的苏联依然是一个政治社会，社会生活与政治生活高度一体化，社会管理带有高度的政治性，政治体制是社会体制的核心和主导。所以当时学校在培养学生公民意识、公民责任感的教育教学上也笼罩着浓厚的政治色彩，体现在公民教育内容上就是忽视“公民”的角度，而是从政治概念“人民”的角度入手进行公民教育。此外，在公民教育中也存在着许多问题，诸如，思想方面的形式主义、以偏概全、教条主义等问题。从权责观念的教育来看，当时的苏联并没有从真正的“公民”的角度来实施公民教育，而是比较侧重于培养学生的“义务”观念，对学生“权利”意识的培养没有受到足够的重视。所以，尽管公民、公民教育等概念在苏联时期被频繁地使用，但并不是真正意义上的公民和公民教育。

（三）俄罗斯时期(1991 年至今)

20 世纪 80 年代末 90 年代初，世界社会主义风云变幻，东欧剧变，苏联解体，叶利钦接任了俄罗斯总统，在苏联解体后宣布以资本主义制度代替社会主义制度，取消了苏联共产党的合法地位。苏联解体后，随之而来的是社会意识形态方面的改变、国家经济的倒退、社会风气的危机以及人们道德价值丧失等诸多问题。所以，俄罗斯公民教育的重塑成为必行之举。一般而言，无论是从历史视野还是国际比较视野来看，公民教育的政治性都是极为明显的，公民教育的目标和内容总是和一国的政治文化和意识形态密切相关。所以，可以这样理解，俄罗斯社会的剧烈转型亟须培养一批适合国家意识形态和国家建设需要的新公民，因此，这种需要推动了公民教育的迅速发展。

1990 年在莫斯科出版的《家庭教育词典》[①] 中出现了以个性意识发展的高级阶段为主要释义的“公民性”（гражданственность）词条；1992 年 7 月颁布的《俄罗斯联邦教育法》的第一章中，就确认了教育的人道主义性质；1993 年，在莫斯科出版的《教育百科全书》[②] 中，对于“公民教育”一词首次出现了专门词条，而且用超过三千字的篇幅来诠释该词；1998 年出版的两本《教育学》专著里面已经有专门的独立的部分来介绍公民教育：一本是由俄罗斯教育科学院院士哈利乔夫所著；一本是由俄罗斯师范教育专业委员会主席斯拉斯焦宁教授所著。俄罗斯联邦政府在 2000 年颁布的《俄罗斯联邦国家教育论纲》中也进一步明确了俄罗斯公民教育的目标和未来的发展方向，强调“保护、传播和发展民族文化的历史继承性，在珍惜俄罗斯人民历史文化遗产教育的基础上，培养爱国守法、具有民主和社会意识、尊重人权和个性自由、具有较高道德修养的公民”[③]。“在当时的俄罗斯学校，公民教育主要包括公民政治意识教育、爱国主义教育和国际主义教育、全人类教育、法制教育、

① Семейное воспитание, Москва. 1990.

② Педагогическая энциклопедия, Москва, 1993.

③ 冯绍雷、相蓝欣：《转型中的俄罗斯社会与文化》，上海人民出版社 2005 年版，第 236 页。

道德教育和生态教育。”[①] 广义的俄罗斯的公民教育作为一个综合的、动态的教育体系还包括经济教育、审美教育、劳动教育、无神论教育、健康生活方式教育等其他方面的内容。

虽然在此阶段俄罗斯的公民教育发生了较大的转变，但是由于对公民教育的探索仍在起步阶段，所以必然存在一定的局限性。它的局限性体现在公民教育理念还不健全，也没有形成统一的共识。由于俄罗斯是联邦制国家，每个联邦中所属的学校会依据自身的特点来进行自主的管理，所以，在各个联邦所属的学校中，必然会存在教育选择上的差异，所以普及公民教育上也存在着一定的障碍。

为了对公民教育进行宏观把控和规划，20 世纪 90 年代以后，俄罗斯各联邦开始陆续建立公民教育中心，并与普通的教育机构进行密切的互动。公民教育中心能够为普通教育机构提供有关公民教育方面的支持，普通教育机构在公民教育实践上，可以为公民教育中心提供客观真实的反馈。1998 年成立的萨马拉地区公民教育中心（Самарский региональный центр гражданског ообразования）和 1999 年成立的普斯科夫地区公民教育中心（Псковский областнойцентр гражданского образования）是当时比较有代表性的公民教育指导机构。[②]

2000 年以前，俄罗斯公民教育已经有了很大改观，但依然处于公民教育的初级阶段。进入 21 世纪后，伴随着第四次科技革命，世界面貌发生了很大变化。在科技不断发展、经济不断进步、人民生活水平不断提高的同时，经济全球化、文化发展多元

① 张鸿燕：《当代俄罗斯公民教育的嬗变及发展趋势》，《教育探索》2012 年第 3 期。

② 雷蕾、列·弗·波波夫：《公民教育中心：俄罗斯公民教育的专门机构》，《外国教育研究》2014 年第 7 期。

化改变了世界的传统格局。俄罗斯在社会迅猛发展的同时，公民价值观念失落、精神世界空虚等问题也随之而来。社会环境的日益复杂，导致公民教育问题得到了社会各界的广泛关注，如何培养公民的责任感已经成为全球性的教育主题。俄罗斯教育界对公民教育问题极为关注，并且开始设计并推广面向 21 世界的公民教育。俄罗斯是一个饱经变革的国家，有着辉煌的历史和傲人的成就。在社会迅速现代化的新时期，俄罗斯学校在公民教育的目的、内容和途径上都进行了创新型的变革。随着俄罗斯公民教育的自我完善，并不断吸取其他国家公民教育的经验，已经趋于理性化和现代化。

二　俄罗斯公民责任教育的核心内容

虽然俄罗斯的公民教育起步比较晚，但是经过多年的实践探究与摸索，公民教育体系已有了初步的轮廓。公民教育的目的、目标对公民教育在方向上的把握有着举足轻重的作用，所以俄罗斯的国家公民教育中心指定的《公民教育理念（草案）》对此做了详细的阐释。俄罗斯公民教育的总目标是“国家教育政策必须坚持：教育的人道主义性质、全人类价值、人的生命与健康以及个性自由发展的优先性，公民的觉悟和爱国主义教育；教育的自由和多元化；教育管理的民主性和国家的社会性，教育机构的自主性原则”①。

首先，公民责任教育要传授现代民主政治所必需的知识。其教育内容涉及民主、权利、社会政治制度、国家体制及管理形式、政治参与形式、选举制度、对外政策、爱国主义教育、国际

① 吴文侃主编：《中小学公民素质教育国际比较》，人民教育出版社 2002 年版，第 339 页。

教育等相关的公民知识。其次，要有助于公民形成一定的公民技能，例如，能够以批判性的理性思维看待问题，具有分析、综合问题的能力；能够对社会要求和准则进行批判性的思考，从而建立属于自己的行为准则；在文化多元化的背景下，与他人交往时要做到宽容和相互理解；能够积极参与公共生活并为自己找到合适的定位，建立良好的人际关系等。再次，要树立正确的价值观，要做到尊重人权及他人的尊严；对待他人要宽容，互相礼让；发展人的内在自由等。俄罗斯公民责任教育，其目的就是把学生培养成社会生活中具有主人翁精神的参与者。促进学生社会责任感的增强和个人道德品质的提升；注重法律意识的培养，使学生更加深刻地理解什么是社会正义，如何正确地维护个人权利和社会利益；在人际交往方面，培养学生宽以待人、尊重人权的价值观和一定的社会交际能力等。

就核心内容而言，俄罗斯的公民责任教育主要包括强化政治意识的教育、道德意识与法制教育、爱国主义与国际主义教育和生态教育等。

（一）非党化、非意识形态化的政治意识教育

20 世纪 90 年代，俄罗斯联邦成为独立的主权国家之后，面对新的国际、国内形势，怎样培养合格的新一代俄罗斯人成为思想政治教育的主要任务。教育体制的经济化、市场化，教育管理的自治化，教育结构的多元化，教育形式的私有化，教育内容的人道化、人文化，学校教育的非意识形态化等，使俄罗斯的公民教育进入了一个新的发展时期。当前公民教育不再强调以培养德、智、体、美、劳的共产主义者为目标，而是突出以充分发展个性、培养符合时代要求和世界标准的高素质人才为宗旨，表明了俄罗斯的公民责任教育从苏联时期的以培养“政治人”为目标转化为现在的培养自由社会的“合格公民”。

为了在教育非党化、非意识形态化的情况下，能够使人们面对社会危机所造成的思想和意识形态混乱，必须加强目的明确的政治意识教育工作，必须让人们理解民主、政权、政权组织形式、政治权利与义务、国家政策等基本政治生活要素，弄清“政治觉悟”、“政治需要”、“政治行动”、“政治文明”等概念的逻辑关系，要求具有鲜明的政治倾向性和参与政治生活的积极性，并能够正确观察、评判社会政治现象。新时期俄罗斯的政治教育具有多方面的功能：社会安定、文化启蒙、教育批评、心理发展等。新时期俄罗斯学校的政治教育具有特殊的意义和作用，其首要任务是在没有学生政治组织及专门思想政治教育课程的情况下，面对社会政局动荡、经济危机、信仰危机、道德危机所带来的思想混乱，通过加强目的明确的政治意识教育，使学生具有鲜明的政治倾向性、辨别是非的一般能力及对待社会不良现象的明确态度。[①]

（二）道德观念与法制知识教育

人道主义价值取向是俄罗斯公民责任教育改革的一个方向，它突出的表现就是要求提高人的道德素质。道德素质教育是相对独立的，是不能用其他教育形式取代的。一个人可以拥有良好教育、拥有较高文化素养，但其道德素质未必发展良好。社会所需要的是既受过良好教育又具有高尚品德的人，所以教育不但要向受教育者提供知识，而且还要培养和完善受教育者的道德素质。以人道主义为价值取向的公民责任教育就是要使教育指向人，指向人格的完善，再推而广之，热爱自己的民族文化。

1999 年俄罗斯颁布了《1999—2001 年俄罗斯学校思想道德教育发展纲要》。该纲要充分认识到，在俄罗斯社会转型时期，

① 肖甦：《俄罗斯中小学公民教育的变革》，《比较教育研究》2001 年第 6 期。

确定学校思想道德教育的任务十分紧迫，只有建立符合当代俄罗斯发展的思想道德教育体系才能解决俄罗斯道德和精神上的危机。2002 年又颁布了《2002—2004 年俄罗斯学校思想道德教育发展纲要的基本方针和实施计划》。强调关注思想道德教育、凸显其规范道德秩序的积极功效是政府各部门的共同职责，要“采取积极措施提高思想道德教育在俄罗斯社会中的地位，统一各政府部门在这一教育领域的立场”，并努力在社会上打造统一的思想道德教育发展空间，使政府对思想道德教育的重视成为全社会的共识。①

使年轻一代形成正确的法律意识和规范的法律行为是俄罗斯公民责任教育的重要内容之一。俄罗斯教育界认为，法律规范教育和道德规范教育的协同实施是学校公民责任教育更好进行的有效途径。法制教育应该在以道德教育作为基础的前提下进行，这样学生们就可以在吸毒、酗酒等违法现象和行为面前以明确的法制观念和道德观念来做出最正确的判断。

（三）爱国主义与国际主义教育

“爱国主义”，简单来说，是指对祖国的爱与忠诚。学校公民责任教育中的爱国主义教育是指培养平等、自由等兄弟情义的真实情感。热爱祖国、热爱家乡、热爱人民，为祖国的历史成就和文化而感到自豪；团结其他国家和民族的人民，尊重他们的文化、思想、信仰等，对狭隘民族主义和沙文主义等要持反对立场。其教育内容包括国家的法律法规、国家的历史文化、家乡传统、世界文明、英雄人物所创造的历史成就以及各族人民创造的文化成就等。俄罗斯教育界主张，从学校教育入手来培养青年一

① 葛立娟：《俄罗斯思想政治教育研究》，大连理工大学，2009 年硕士学位论文，第 18 页。

代的爱国精神，提高国民素质。

爱国主义和国际主义教育一直是俄罗斯政府十分重视的一项教育内容。列宁曾强调，爱国主义和国际主义是密不可分的。俄罗斯的公民责任教育不仅教育公民要热爱祖国、捍卫国家权利和国家荣誉，也要尊重其他国家和民族。在俄罗斯学校公民教育的不断发展和完善过程中，他们也一直在积极地探索国际主义教育。为了丰富和发展学校教育中的国际主义教育，学校会在课外时间组织学生进行交流活动，不仅能够了解其他国家的历史传统、风俗文化、社会生活，而且还能增进本国学生与其他国家留学生之间的友谊，加强相互之间的了解。俄罗斯时期学校的爱国主义和原苏联时期相比并没有什么太大的变化，更多的反而是对苏联时期爱国主义教育的有机延续，但在国际主义教育中，与苏联时期不同的是强调了族际主义教育。

（四）生态环境教育

俄罗斯公民责任教育还十分注重生态教育。在人类社会发展的进程中，在政治不断发展、经济不断进步、社会生活不断丰富、人们的消费水平不断提高的同时，环境的不断恶化给人类的现代化生活带来许多难题。生态文明的概念开始逐渐被人们重视起来。

20 世纪 80 年代后期，随着可持续发展战略的全面提出，生态环境问题引起了社会各界的高度重视。生态教育也成为学校公民责任教育中不可或缺的一个重要内容。俄罗斯高校将生态文明教育纳入公民责任教育的体系中，他们认识到培养学生对生态环境的责任意识，对保护生态环境，推动生态环境的可持续发展有至关重要的作用。学校教育中的生态教育主要是通过对青年一代讲授基本的生态知识，使他们对生态问题、环境保护问题有一定的认识，培养学生对待自然环境的责任感和环境保护意识，从而树立正确的生态意识，形成积极的生态价值观。

结合可持续发展战略，俄罗斯学校也开展了一系列生态保护的活动。如组织各种相关的课外实践活动，通过与大自然的真实相处来了解自然环境，唤起学生保护自然环境的欲望；在对自然环境的相关知识有一定的了解以后，开展相关的环境保护体验活动，让学生们亲身体验环保活动，使学生能够更加深刻地意识到破坏环境的危害性，将生态教育问题提升到了一个新的高度。不仅培养学生端正对待自然环境的态度、形成一定的生态价值观和社会责任感，而且还能够锻炼学生的动手能力，使学生能够将环境保护变成一种自主意识和行动。在进行集体的生态文明保护活动时，既可以改善生态环境，又可以在集体活动的过程中使学生增强协作意识、责任感和奉献精神。

三　俄罗斯公民责任教育的方法与特点

（一）俄罗斯公民责任教育方法

俄罗斯公民责任教育方法丰富、形式多样，非常注重教育的实效性。常用的主要方法有：课程教育、渗透式教育、实践教育、网络媒体教育等。

1. 课程教学

课程教学是俄罗斯公民责任教育的主要方式之一。低年级阶段主要通过俄罗斯的国家、民族与社会、日常生活、礼仪规范、行为规范等方面渗透公民责任教育内容。高年级阶段以公民学、社会学、政治学、法学等必修课和经济常识、宗教常识等选修课渗透公民责任教育内容。同时，公民责任教育内容还渗透在历史、文学、外语、艺术、体育等课程之中。其中社会人文类课程是公民责任教育的基础，注重加强社会人文类学科在提高公民素质方面的重要作用。在经历了 20 世纪 90 年代初期的混乱后，俄罗斯政府也意识到在公民责任教育上国家应承担的责任，开始陆续颁布一系列的国家法律和法规，从宏观上对公民责任教育进行调控，把公民教育与国家、社会的发展作为整体目标列入发展规划，实现国家的正面引导。如《普通教育国家教育标准联邦法》、《联邦教育发展纲要》将道德教育与素质培养列在重要的位置上。在多年否定苏联时期的“全面发展”和“思想品德教育”之后，《联邦教育发展纲要》迫于日益恶化的现实形势而开始提出：要在新的政治和经济条件下恢复与发展各教育机构及整个教育系统的品德教育功能。为此，俄罗斯发布了《1999—2001年俄罗斯学校思想道德教育发展纲要》、《2002—2004年俄罗斯学校思想道德教育发展纲要》等一系列举措。由于国家的支持，公民责任教育在俄罗斯取得了自苏联解体后从未有过的重要地位。俄罗斯的公民责任教育内容还注重持续性和阶段性。低年级的公民责任教育主要通过对正确、诚实、守信、平等，学校生活和社会生活中基本的道德知识和行为常识的介绍，使学生能够先了解生活的意义。再通过对社会礼仪规范的学习、家庭关系的处理、人际交往的方式等社会性知识的学习，对公民责任进行渗透。进入高年级教育阶段，学校就会开设公民教育的相关课程，如讲授政治学、经济学、社会学等相关基础课程，了解人与社会的关系、人与国家的关系、人与人之间的关系，使学生知晓人的责任指向，明确在社会关系中习得公民的责任。

2. *渗透式教育*

渗透式教育是俄罗斯公民责任教育的常用方法。在俄罗斯社会转型的新时期，社会环境十分复杂，学校教育也受到了一定程度的影响。曾经以灌输式教育为主的教学方式开始遭到学生的排斥和社会各界的怀疑。公民责任教育也面临着告别机械的、教条式的教育方式，而日渐与学生的日常生活融合的转变。原有的单一灌输式公民教育方式已经不再受欢迎，渗透式教育已成为俄罗斯公民责任教育改革的必然之选。俄罗斯开始在公民教育中大力倡导渗透式教育。渗透式教育具有隐蔽性、综合性和渐进性等特点，而且教学方式灵活、教育成效较为持久。

渗透式教育是无名有实、潜移默化的教育方式，通过人格示范、环境熏陶、多学科渗透等方式达到教育效果。俄罗斯学校还把公民责任教育的相关知识，很好地渗透到其他相关学科中去，如历史学、体育学、美术学、安全教育等学科中都含有公民责任教育的相关知识。渗透式教育是一种开放式的教育，它善于利用教育过程中的环境等载体来对学生的思想、情感、心理等方面进行隐蔽式的教育和转化。针对渗透式教育的特点，学校会为其制定明确的教育目标和有效的教育手段，在比较轻松、自然的环境中进行教育，使学生在无意识的状态下获取知识、提高认识。

与此同时，国家领导人的身体力行、率先垂范，也潜移默化地起到了教育作用。2001 年 4 月，普京亲自颁布命令，授予一名普通的挤奶女工二级“祖国荣誉奖章”。与这位挤奶女工同时获得荣誉的还有一名拖拉机手，被命名为“功勋农业机械师”。普京的授勋使俄罗斯农民受到极大的鼓舞。这是自苏联解体以来由国家颁发的第一个国家级奖章和荣誉称号，目的就在于重新在俄罗斯人民的心目中树立起祖国的思想，荣誉的观念。①

3. 实践教育

俄罗斯是一个重视实践的民族，实践与理论相结合才能达到最好的教育效果。实践教育是与理论教育相对应的另一重要教育途径。俄罗斯教育界认为，理论教育一定要配合相应的实践活动，才能培养出实用型、全面型人才。实践能够加深学生对理论知识的认识，能巩固理论学习的成果，是现代高校公民教育的重要途径。其具体方法强调科学性、现代性、知行合一，把理论知

① 汪宁：《普京的俄罗斯新思想》，上海外语教育出版社 2005 年版，第 86 页。

识的灌输教育与开放、灵活的实践活动有机地结合在一起，对学生动手能力的提升、责任意识的增强、主观能动性的开发和全面素质的提高有着不可替代的作用。

随着社会经济的发展，生活水平的不断提高和社会改革的不断深入，当代大学生所处的社会环境也日益复杂起来。学生在学校接受单一的理论灌输已经不能适应现代社会的发展需要。因此，俄罗斯将理论教育与实践教育紧密结合起来，寓教于乐，通过丰富多样的实践活动中将公民责任的基本知识、理论观念等渗透给大家。校内实践活动方面包括：学校会组织学生开展一些社团类的实践活动、科技竞赛或各种体现大学生主体性的创造性活动，如学习共同体的项目式学习等。俄罗斯也会依据学生的主要兴趣取向、专业特色、性格特点等举办一定的趣味性、娱乐性实践活动。一是发挥学生的主观能动性，使自己的创造力有所提升；二是培养了团队意识，在活动中使学生感到合作精神的重要性。以团队的形式参加比赛，自然而然地激发出了学生的公民责任意识和情感，使学生在实践中体会到为集体尽责奉献的乐趣。校外实践活动方面：俄罗斯还会定期地组织学生参加志愿活动，在学生课余的空闲时间对需要帮助的组织或群体进行志愿服务。不但能够提高学生的人际交往能力、强化责任意识，还能够培养奉献精神，提高了自身的道德水平；学校还会带领本校学生参与对外交流活动，在对外交流的过程中激发学生的爱国意识和民族自豪感；通过与别国学生的文化交流，能够开拓视野，增长知识。例如，俄罗斯教育部曾联合其他两个公民教育组织举办了以“我——俄罗斯公民”为主题的方案设计活动，许多参与活动的学生都自己动手认真设计相关方案，并且能够在自己设计的方案中指出所涉及的地区中存在的一些问题，能够在对指出的相关问题的产生原因进行深入的调查研究之后，提出解决的方法。

4. 发挥宗教教育的作用

俄罗斯是一个多宗教国家，有近40个宗教及教派，其中东正教影响最大。沙皇俄国时期，东正教享有各种特权，因此它对国家的形成，对俄国封建专制制度的巩固，对俄罗斯民族文化的发展发挥了重要作用。1997年5月，在莫斯科圣丹尼尔修道院举行了第四届全世界俄罗斯人民宗教会议。会议认为，俄罗斯人的道德教育问题必须尽快提到议事日程。俄东正教会有义务和责任承担起这一重任，并制定一系列保护民族精神和身体健康的措施，用基督教教义和基督教伦理观去培养教育俄罗斯人民，尤其是青少年一代。[①] 东正教会大力发展宗教学校和神学院，还在学校里开设宗教课程，宣传东正教精神，提倡人格修养和道德教育，对青少年道德情操、道德品质、行为习惯、审美情趣的陶冶起到了很大的作用。苏联解体后，俄罗斯宗教教育发挥了很大的作用，它促进了俄罗斯青年公民责任意识的培养，并教育青年人严肃地、有意识地对待生活，学会为自己的命运负责，为亲人、为祖国的命运负责。

（二）俄罗斯公民责任教育特点

俄罗斯是一个教育大国，特别是70多年的社会主义建设为国家教育的发展奠定了坚实的基础。同时，俄罗斯的教育也有着深厚的文化底蕴，其公民责任教育也是独具特色。俄罗斯公民责任教育的特点可大致分为以下几点：

1. 将民族文化传统融入公民责任教育中，使公民责任教育体现出民族性。

俄罗斯的国家文化和民族精神与其所处地域环境的关系是十

---

① 陈岩、姜相志：《俄罗斯东正教的社会整合与道德教化作用研究》，《学术交流》2008年第7期。

分密切的。俄罗斯有着辽阔的领土，横跨欧亚两洲，地域辽阔，自然也会受到欧洲和亚洲两种文化的影响。俄罗斯的民族文化是既有东方文化，也有西方文化的综合精神文化体系。更值得一提的是，虽然俄罗斯深受东西方双重文化的影响，但其独有的民族文化和民族精神依然存在，把东方和西方文化带给它的影响融入自己的文化中来并表现出了顽强的生命力。

俄罗斯联邦政府在探索文化的选择和意识形态的定位中，经历过失败，而后力求改革，在追寻的路上历尽坎坷，在实践中摸索道路，结合民族文化、历史底蕴、人文精神和当前俄罗斯政府、公民对社会的需求以及重振强国梦的战略，终于找到了适合本民族发展和传承的民族精神，把“盲目西化”的呼声掩盖起来，取而代之的是，在秉承历史的条件下，融会贯通东西文明，取其精华去其糟粕，大力弘扬民族精神，把这种民族精神渗透到俄罗斯社会的方方面面，充分体现出民族的就是世界的。可以说，俄罗斯的文化是东方与西方两个世界的结合，是“巨大的东方——西方”。作为俄罗斯的教育传统被继承和发扬的是以民族主义为核心内容的民族精神。当今俄罗斯的公民责任教育以民族精神作为其内核，把民族精神渗透进公民责任教育的理念，使公民责任与民族振兴的民族情感紧密相连，无疑具有生命力和凝聚力。

2. 宗教在公民责任教育中起了重要作用。

文化史学家克里斯多夫·道森曾说过这样一句话，“伟大的宗教并不是世界各大文明所产生的副产品，在十分真实的意义上，伟大的宗教是伟大文明确立于其上的基础。一个失去宗教的社会迟早会丧失其文化”。俄罗斯民族有着强烈的宗教情结，宗教是俄罗斯民族文化不可分割的一部分，其独有的思想已渗透进俄罗斯公民的血液中。宗教的思想精髓成就了俄罗斯人民的信仰，也充实了俄罗斯人民的生活，让民族精神更加丰富。公元

998 年，东正教传入基辅罗斯并被定为国教后，以其鲜活的生命力和海纳百川的包容性迅速填补了其公民信仰的空白，同时对教育产生了很大的影响。自 1453 年东正教随罗马帝国传至俄罗斯，见证了俄罗斯的逐步强大，可以说一部东正教发展史浓缩了俄罗斯发展的每个细节。

伴随着苏联的解体，俄罗斯的政治体制、经济结构都随之发生翻天覆地的变化，社会意识形态也不例外。当人们多年以来习以为常的价值观和行为准则突然发生改变的时候，自然会出现精神世界的空白、信仰的危机。政治体制的改变、经济的没落使人们的精神世界没有了支柱，所以在此时宗教像一根救命稻草一样迅速地发展起来，为人们的精神世界送来庇护。

在叶利钦为俄罗斯总统时期，东正教在教育界有了很大的发展，不仅在教会开办各类学院，如教会小学、神学院等，而且在俄罗斯的学校里也开设了相关的宗教课程，这些课程的设置和实施为公民责任教育提供了有效的教育平台。事实上多位沙皇以及原苏联和俄罗斯的领导人，如戈尔巴乔夫、叶利钦、普京等，都为宗教的发展提供了政策上的支持。也正因为如此，以宗教为载体的公民责任教育包含了俄罗斯民族特有的民族精神和民族文化，也符合俄罗斯的国家发展战略。虽然俄罗斯是个多教派国家，主要有东正教、天主教、伊斯兰教、犹太教、喇嘛教、萨满教等，尽管每个宗教的教义不尽相同，但教育公民真诚宽忍，积德行善，救苦救难，扶贫抑恶是他们的共同特点，这也为培养和塑造公民责任提供了理论和思想上的支持。把宗教融会贯通到俄罗斯社会的每个角落，与家庭、学校、社会、政府有机结合起来，对思想建设、道德建设有着不可替代的作用。宗教对俄罗斯青少年的人生观价值观的形成产生了积极的作用，大型的宗教活动均坚持秉承历史、弘扬道德的传统，这对爱国主义教育有极大的促进，同时，宗教更以其独到的信念影响着青少年公民责任感的生成。

3. 俄罗斯公民责任教育十分重视环境育人、以人为本。

俄罗斯的公民责任教育十分重视环境对教育的重要作用，尤其是家庭环境和学校环境对公民教育的影响。在俄罗斯公民责任教育中，家庭教育占主导地位，父母是孩子最好的老师这一教育理论早已深入人心。父母的言行举止，举手投足无不潜移默化地影响孩子的人生观、价值观，家庭教育环境实际为日后系统教育奠定了十分重要的基础。俄罗斯在家庭教育上秉承西方自由、民主的精神。家庭尽量提供良好的教育氛围，从道德修养、文化修养及未来的职业修养入手，与学校、社会三者有机结合。力求家庭教育丰富多彩，家长会以身作则，在家庭生活、职业选择和社会公德方面不断完善，在知识储备和综合能力上提升自己，以此来起到良好的示范作用。俄罗斯联邦政府为实现教育强国，采取教育优先的社会发展战略，矢志不渝地为家庭教育提供尽可能多的方便。

苏联解体后，公民责任教育也伴随社会的转型发生变化，其教育方针开始向人文化和个性化转变，开始注重以人为本的教育。要培养个性化的公民，就要在教育的过程中充分发展个性，培养出符合社会和时代发展要求的高素质公民，培养个性化、具备创新能力的高素质人才。《2001—2010 年俄罗斯现代化纲要》明确指出，要把“培养学生的公民责任感和法律意识，精神和文化、首创性、独立性及成功地进入社会并在劳动市场中积极调整的能力”作为学校公民教育的首要任务。想成为一个合格的公民，就要做到热爱祖国、孝敬父母、有民族自豪感和荣誉感、尊重宪法、珍惜传统文化、维护他人的合法权益、乐于助人等。

四　俄罗斯公民责任教育存在的问题和未来发展趋势

（一）俄罗斯公民责任教育存在的问题

俄罗斯的公民责任教育现在还处于初级阶段，虽然得到一定的发展、初见部分成效，但不可否认也存在着一些问题。首先，社会文化的改变并不是一个短暂的、突然的过程，它是十分复杂的。苏联的解体，大国的突然陨落，带来的是俄罗斯社会急剧的社会转型。社会政治经济体制发生了翻天覆地的变化，社会意识形态也发生了根本性的改变，价值观念的新旧交替导致社会环境动荡不安。这种社会背景表现在青年人这个群体上，体现得尤为明显。社会开始逐渐进入失控、混乱的状态，俄罗斯的青年也开始变得冷漠、失落。道德的滑坡、信仰的真空状态使整个社会道德现状呈现危机状态。社会的犯罪率开始呈现上升趋势，青少年开始酗酒、吸毒，精神世界开始变得空虚、迷离。在这种社会环境下，学校教育必然会受到社会上的不良影响，这种影响的恶果是难以挽回的。公民教育没有了说服力，社会主义公民教育、集体主义教育在学生面前遭到了无视，校内出现了暴力、酗酒、吸毒等现象。由于受到西方文化的影响，很大一部分学生开始极力追求物质利益，享受物质生活。这对公民责任教育是一项十分严峻的挑战。其次，俄罗斯的公民责任教育在课程设置和教学安排上还存在着一些问题。俄罗斯公民责任教育中对族际主义教育重视程度不够。课程设置中关于民族认同问题的相关内容很少，在进行爱国主义教育的时候内容比较单一，不能全面地阐述爱国主义的多方位和多层次性。这种局限性的后果就是，种族冲突问题在俄罗斯校园中依然存在。而且在公民责任教育的课程内容上，各个学科之间并没有统筹起来，这也使得公民责任教育缺乏系统性和完整性，其教育效果必然受到影响。

（二）俄罗斯公民责任教育的未来发展趋势

俄罗斯的公民责任教育并不是本土产物，而是一个“舶来品”，20世纪90年代后期俄罗斯公民责任教育发展开始慢慢“本土化”。公民责任教育之所以能够在俄罗斯教育土壤中生根发芽，是因为进入21世纪的俄罗斯，有了新的时代需求和社会发展需要。俄罗斯总统普京提出了以“爱国主义、强国意识、国家作用、社会团结”为基本内容的“俄罗斯新思想”，为公民责任教育在俄罗斯未来的发展指明了方向。

1. 强化爱国主义教育，注重结合本民族优秀的文化传统。

自普京就任俄罗斯总统以后便提出“俄罗斯新思想”。新思想既与原来的“俄罗斯思想”有着内在的联系，但在本质上又是不尽相同的，主要体现了政治文化的变迁，即主流意识形态的变化。在“俄罗斯新思想”中，普京十分注重对爱国主义内涵的阐述。“我们国家亟需进行富有成效的建设性工作，然而，……在主要政治力量信奉不同价值观的社会里是不可能进行的。”① 普京认为，增强民众的爱国主义意识、重拾俄罗斯优秀的民族传统文化在思想多元化的今天是必然之举。② 青年群体是爱国主义教育的重点实施对象。进入新时期，公民责任教育应该更加重视对青年一代的爱国主义教育，增强学生的爱国意识和主人翁责任感。强化青年的爱国意识和责任意识是新时期俄罗斯爱国主义教育的重要任务。俄罗斯的公民教育以民族精神作为依托，以“强国精神”、“爱国思想”为主要内容，十分注重民族性的培养。《2001—2005年俄联邦公民爱国主义教育纲要》和

① ［俄］普京：《普京文选》，中国社会科学出版社2002年版，第7—10页。
② 同上。

《2006—2010年俄联邦公民爱国主义教育纲要》是俄罗斯政府为了着重强化爱国主义教育、激发民众的民族自豪感、实现强国之梦而出台的，这两个纲要为俄罗斯未来的公民教育指明了方向。

2. 进一步构建“公民教育空间”，深化俄罗斯公民教育发展。

所谓“公民教育空间”，就是由多种教育机构组成的公民教育系统，包括家庭、学校、宗教组织、青少年组织、社会研究机构、大众传媒等。这项措施不仅表现了俄罗斯公民教育实施的多元化，而且说明了俄罗斯的公民教育正在向参与全民化方向发展。

3. 公民责任教育手段由单一模式向多元化发展，通过创新来寻找俄罗斯独有的公民责任教育特色。

苏联解体无疑是20世纪末世界政治舞台上最为重大的事件，大国的解体同样冲击了本国的公民责任教育事业。俄罗斯人民在无奈地接受残酷现实的同时，也痛定思痛反思着传统公民责任教育体制的诸多弊端，前苏联总统戈尔巴乔夫曾提出教育开放的口号，提倡多元化教育。然而事与愿违，过多的西方文化冲击着本土文化，教育体系呈现出一片混乱，公民的价值观、人生观错位。究其原因，是在没有有效继承本民族文化的同时，盲目地追求西化的后果。

21世纪空前发展的社会环境让俄罗斯联邦政府意识到教育改革势在必行。国家的高度开放，社会生活方式的多元化，各国文化传统与风俗习惯的开放交流都迫使俄罗斯政府和教育机构意识到，必须马上开始寻求俄罗斯公民责任教育发展的新途径。为了实现公民责任教育的现代化，只有传承好本民族的文化精髓，结合西方现代化的教育理念，才能为俄罗斯公民责任教育走向国际化、实现现代化奠定坚实的基础。在俄罗斯公民责任教育的改革中，他们发扬创新精神、打开视野、发挥民主自由精神，利用自身的优势和特点整合更多的教育力量。教育手段由单一向多元化发展，有针对性、目的性地针对各年龄段，根据各类公民的具体情况因材施教，使俄罗斯学校公民责任教育向着多元化、全面化、立体化的方向稳步发展和完善。

俄罗斯公民责任教育的发展过程是一个不断变革的过程，它既经历着国内的社会变革和转型，又承受着国际上全球化趋势下所带给它的各种不确定因素。随着社会的不断发展与进步，国际环境的不断变换，俄罗斯的公民责任教育也将继续走出属于自己的发展道路。

第七章　我国大学生公民责任教育的思考

高等教育在文化传承、科研发展和立德树人等方面对社会的发展起着至关重要的作用，而且高等教育作为国家人才库对国家的未来发展也将产生深远的影响，因此高等教育成为现代公民教育体系的重要组成部分。在我国，现代公民教育的培养目标是“有理想、有道德、有文化、有纪律”的“四有”公民。高等教育既然是公民教育体系的重要组成部分，它必然在公民责任教育方面承担着重要的使命。1998 年 10 月在巴黎召开的第一次全世界高等教育大会《宣言》就指出，高等教育的首要任务是培养高素质的毕业生与负责任的公民。[①]

一　关于大学生公民责任教育内容的思考

公民责任教育的内容既要学习国际化的经验，拓宽国际化的视野，又要结合我国的历史文化特点和现实国情。概括地说，我国大学生公民责任教育的基本内容，至少应包括五方面，分别是：培育社会主义公民意识、加强大学生中国精神教育、突出大学生法治精神的培养、增强大学生公民道德责任、培养大学生公

① 王凤娥、杨克瑞：《走向公共生活的公民教育》，《宁波大学学报》（教育科学版）2007 年第 1 期。

民能力。

（一）培育社会主义公民意识

公民意识是社会成员对其公民角色及价值追求的心理认同与理性自觉。它集中体现了社会成员对自身根本权利和社会责任的认同与尊重，集中体现了社会成员对公民价值取向的追求与评价。这种意识，广泛表现在社会成员参与政治、经济、法律、道德等社会生活的各个方面，具有丰富含义。公民意识是民主政治的产物，与封建专制政治下的臣民意识完全不同。它要求真正确立公民作为国家主人的基本地位，要求充分尊重每一个普通公民的价值和尊严，要求人人具有平等的政治地位和权利义务，反对不对等的政治关系和政治特权。在普通公民与国家机关及其领导人的关系上，不把人民的命运寄托在领导者个人身上，不把领导人看作父母官而迷信、敬畏、崇拜和盲从，不对政府低三下四，乞求恩赐，而是以国家主人翁的身份，要求通过各种民主程序和渠道积极实现对国家的管理，自己掌握自己的命运，以主人的身份看待作为社会公仆的领导人，并懂得有效地行使自己的权利，对国家政府及其人员进行选举、监督、批评、教育和罢免。公民意识的实质是公民对自身国家主人的地位和价值的自我肯定，是公民应具备的基本的政治道德素质，它表明公民对国家政治生活和自身政治权利义务的关心与负责态度。

社会主义公民意识是社会主义人民民主政治的产物，是无产阶级民主宪政的结果。中国共产党领导的新民主主义革命，推翻了帝国主义、封建主义和官僚资本主义的统治，最终建立人民民主政治，实现了人民民主宪政，确立了人民当家做主的法律地位和法律资格，社会主义公民意识才有了它现实的基础和前提。社会主义公民意识与资本主义的公民意识有着本质上的差异。资本主义的公民意识是以私有制为基础，以资产阶级民主政治为前提，以“自由”面目出现的资本特权替代了封建特权，公民政治权利的实际享有，不能不受到资本占有状况和财产多寡的制约。对于广大劳动人民、被压迫、被歧视的少数民族和一切穷苦人乃至妇女来说，自由和平等不过是写在纸上的“抽象的权利”而已。人类只有进入废除了剥削压迫制度的社会主义社会，才有可能从根本上确立公民的真实的法律地位和最广泛的民主权利。社会主义的公民意识是以社会主义公有制的主体地位为基础，以无产阶级民主政治为前提。对于社会主义来讲，“没有民主就没有社会主义”，主权在民原则是真实的、普遍的。社会主义的公民权利和义务从根本上说是相统一的。

培育大学生社会主义公民意识对大学生公民责任教育的作用体现为：其一，具有公民意识是大学生在公共生活中履行责任的前提。公民意识包括公民的民主国家意识，这是社会意识的一种表现形式，它蕴含着丰富而深刻的思想内容，是在民主体制下的人民应有的权力责任意识、独立人格、法治意识、自由公平的合作意识、契约精神、集体主义观念等融为一体而形成的自我意识，这种意识是社会主体精神和物质生活共同的思想基础，是社会主体思想和道德发展的基本依据。没有这种意识，公民就无法形成履行责任所必备的公共精神。其二，大学生培育公民意识促进了大学生公民道德责任的合理性取向。公民意识使大学生把道德信念和价值放到国家与社会、个人与国家的现代社会结构关系中去认识和把握，这就注入了理性的力量和角色认知。其三，大学生培育公民意识促进了大学生守法精神与法治制度的耦合。现代法治必须建立在制度价值与社会成员共同价值追求相吻合的基础上，才能获得稳固持久的效力。公民意识孕育的积极守法精神，为法治秩序提供必不可少的基础，而这种制度化、法律化的价值又反过来辐射全体社会成员，通过公民认同并内化为其自觉的行为准则，推动民主法制的进一步发展。

（二）加强大学生中国精神教育

习近平总书记指出，“实现中国梦，必须弘扬中国精神。这就是以爱国主义为核心的民族精神，以改革创新为核心的时代精神。这种精神是凝心聚力的兴国之魂、强国之魄”[①]。这一重要论述深刻揭示了中国精神的基本内容，阐明了中国精神与中国梦之间的必然联系。

民族精神属于具有多层面结构体系的民族意识的范畴，是民族意识的最高形式，它主要包括“民族追求的共同理想、确立的共同价值观、形成的共同思维方式和共同品格”。在长期的历史发展过程中，中华民族形成了具有亲和力和融合力的中华民族精神，即以爱国主义为核心的团结统一、爱好和平、勤劳勇敢、自强不息的民族精神。在中华民族精神这一有机整体中，爱国主义的核心地位是由其在中华民族存在发展中的地位及其与其他几种民族精神的关系决定的。一方面，爱国主义精神贯穿于中华民族形成发展的始终，无论是过去、现在或将来，它都是支撑中华民族兴旺繁荣的强大精神支柱；另一方面，爱国主义精神在民族精神整体中具有统领统摄作用，团结统一、爱好和平、勤劳勇敢、自强不息的精神服务于爱国兴邦这一主题，爱国主义精神决定和制约着团结统一、爱好和平、勤劳勇敢、自强不息精神的性质及其发展。时代精神是指人类应对层出不穷的时代机遇和时代挑战，在历史发展实践中积淀而成的积极进取的心理品质，是激发社会创造活力的动力之源。时代精神具有民族性特点。在长期的历史发展过程中，中华民族不仅形成了伟大的民族精神，而且

---

① 习近平：《在第十二届全国人民代表大会第一次会议上的讲话》，人民出版社 2013 年版，第 4 页。

形成了改革创新、求真务实、勇于探索、敢于奉献的伟大时代精神。在时代精神这一有机整体中，改革创新居于核心地位。解放思想、求真务实是贯彻改革创新的基本前提，思想不解放，工作不落实，再崇高的目标、再远大的理想也只是一纸空文，一场黄粱梦罢了。勇于探索、甘于奉献是改革创新得以展开的最基础的力量，没有求真务实的精神，没有为了共同事业奋斗和奉献的决心，再美好的事业、再伟大的雄心也不过是画饼充饥。这些精神共同服务于改革创新这一主题，推动中华民族在时代的洪流中坚定立场、迎难而上。①

1. 爱国主义教育是中国精神教育的核心内容。

在漫长的历史发展过程中，中华民族表现出了强大的生命力。鼓舞中华民族长期艰苦奋斗、继往开来的重要精神支柱，就是千百年来深深融入民族意识之中的爱国主义优良传统。这些优良传统体现为："热爱祖国，矢志不渝"、"天下兴亡，匹夫有责"、"维护统一，反对分裂"、"同仇敌忾，抗御外侮"。爱国主义是个人实现人生价值的力量源泉。爱国主义体现了每一个中华儿女对祖国的责任，这种责任是社会发展的客观要求，也是每个人自身发展的客观需要。祖国给个人的成长发展创造条件，对个人创造的成果做出评价，为个人实现人生价值提供舞台、指明方向。伟大的人生目标往往产生于对祖国深厚的爱。一个人对祖国爱得越深，历史责任感就越强烈，人生目标就越明确，人生信念就越坚定，就越能够承担起爱国、敬国、报国的公民责任和历史使命。

2. 自尊、自信、自强精神教育是中国精神教育的灵魂。

中华民族精神，集中体现为自尊、自信、自强的民族精神。

① 吴潜涛：《弘扬和践行中国精神——〈中国精神读本〉解读》，《北京教育·德育》2015 年第 1 期。

自尊，自我尊重，指既不向别人卑躬屈膝，也不允许别人歧视、侮辱。它是一种健康良好的心理状态。自信是人对自身力量的确信，深信自己能做成某件事情，实现所追求的目标。自强是一种精神，一种美好的道德品质，是对未来充满希望，奋发向上，积极进取。这个民族精神，是中华民族五千年来生生不息、发展壮大的强大精神动力，也是中国人民在未来的岁月里薪火相传、继往开来的强大精神动力。正是依靠这种精神，我们的祖先创造了灿烂辉煌的古代文明，为人类文明做出了不可磨灭的贡献。正是依靠这种精神，我们的前辈推翻了三座大山和建立了新中国。今天，我们要实现国家富强和民族昌盛，仍然要发扬光大这种民族精神，要加强自尊、自信、自强精神教育。弘扬这种精神，有利于大学生保持昂扬的状态。大学生在学习、生活、发展中会遇到许多难题，在实现中国梦的接力奋斗中会经受各种考验。大学生能否坚定百折不挠的进取品质，保持乐观向上的精神状态，尤其重要。弘扬中国精神，能够使大学生在为实现中国梦奋斗的过程中不断坚定逢山开路、遇河架桥的意志品质，始终保持解放思想、敢为人先的良好精神状态。

3. 创新精神教育是中国精神教育的重点。

创新是一个民族进步的灵魂，是一个国家兴旺发达的不竭动力，也是凝聚和鼓舞人民为完成伟大事业而不懈努力奋斗的一种重要民族精神气质。改革创新精神是当代中国最鲜明的时代特征，最能激励中华儿女锐意进取。它表现为一种突破陈规、大胆探索、勇于创造的思想观念，表现为一种不甘落后、奋勇争先、追求进步的责任感和使命感，表现为一种坚忍不拔、自强不息、锐意进取的精神状态。改革创新充分体现和吸纳了时代要求，为实践的发展注入了鲜活的力量。改革创新，包括理论创新、制度创新、科技创新、文化创新以及其他方面的创新。加强创新精神教育，是对大学生成长成才的基本要求，也是同学们必须具备的重要品质。大学生要立足于掌握丰富的知识和过硬的本领；要养成团结协作、艰苦奋斗、脚踏实地的作风；要积极投身社会实践，深入实际，深入群众，从广阔的社会实践中提炼研究题目，在深入了解社会的基础上提出真知灼见。大学生要树立创新意识，发扬创新精神，确立与时代进步潮流相适应的思想观念、价值取向和行为方式，努力走在全社会创新的前列，为改革创新的伟大实践承担公民责任。

（三）突出大学生法治精神的培养

首先，法治精神作为法律意识形态的重要组成部分，具有一般法律意识形态共有属性。法治精神属于法治社会中的灵魂和核心，体现一个法治国家或一个时代法治社会中民众对法治运行状况的心理认知程度。其次，法治精神是法治价值观的结晶体。它包容了正义、公平、民主、自由、人权、秩序、和谐、安全等诸多价值要素，是法律意识、法制观念、法律素质、法律信仰的复合体，也是法治实践的指导思想和精神源泉，还是尊崇法治和尊重法律权威的一种理性的精神状态。最后，法治精神是建设社会主义法治国家的精神纽带，它融会贯通于立法、执法、司法等法治实践之中。

法治的真实意义并不仅仅在于法律的治理，因为通过法律的治理也可能产生专制，它实际上是指对法律的治理的信服，即当人与法、权力与法发生冲突时，应该服从法的权威，而不是服从于人和权力的权威。因此，中国特色社会主义法治文化的基础是维护宪法和法律的权威，其中关键是形成宪法和法律的信仰。法律信仰是人们基于信任、尊重、信服而以法律为行为准则的主观认知及判断。全社会形成对宪法和法律的信仰，是维护宪法和法律权威的关键。没有信仰，宪法和法律不过是一纸空文，形同虚设，所谓权威更是无从谈起。要信仰宪法和法律，首先，必须树立宪法至上的观念。宪法至上是指在国家和社会管理过程中，宪法的地位和作用至高无上。培养公民的法治观念，构建法治教育长效机制则是树立宪法至上的观念所不可或缺的手段。法治文化形成的前提和基础，是公民对宪法和法律形成基本观念和直接认识，即形成法治观念。法治观念要求公民了解宪法和法律的基本知识，对宪法和法律产生直观认识；要求公民维护宪法和法律的权威，认识到宪法和法律在国家政治生活和公民日常生活中的重要地位；要求公民理解法治的基本价值，形成民主法治、自由平等和公平正义等理念。[①] 法治观念长期内化于人的内心，经过理性的认识和情感的认同，而转化为人的精神气质。加强大学生公民责任教育，必须要培养大学生的法治精神，形成正确的权责观念，养成良好的公民意识，自觉树立宪法至上的法律意识与法律信仰。

（四）增强大学生公民道德责任意识

公民道德责任，是指公民由其公民资格所赋予的并得到内心认同的对国家、对社会、对他人的道德义务和道德使命以及对他自身行为后果的善恶的承担。道德责任本质上是对外在的道德义务的内心认同，它是人们主动意识到的义务，具有良心的成分。道德义务与道德责任，是同一种道德“命令”在人之外和在人之内的两种表现形式。道德责任所包含的道德的内在强制力和道德理性，相对于其他道德规范而言，是最集中、最强大和最多的，也是社会的道德要求和个人的道德信念结合得最紧密的。道德责任在道德规范的整个体系中，是居于最高层次的道德规范。道德责任意识，也成为衡量个人的道德觉悟程度和道德境界高低

① 陈毓：《从法制教育到法治教育——大学生法律素养培养新思路》，《法制与社会》2009年第3期。

的重要标志之一。人的德行能力，在相当意义上，取决于人的道德责任意识的能力。

增强大学生公民道德责任对于大学生公民责任教育的作用体现为：其一，增强大学生公民道德责任有助于大学生公民责任意识的形成。黑格尔指出，“道德的观点是这样一种意志的观点，这种意志不仅是自在地而且是自为地无限的。意志的这种在自身中的反思和它的自为地存在的同一性，相反于意志的自在存在和直接性以及意志在这一阶段发展起来的各种规定性，而把人规定为主体”①。大学生公民道德责任感的强化，促进了大学生主体道德自在和自为性的价值诉求，促使其形成积极地履行责任的意识。其二，增强大学生公民道德责任，有助于大学生公民责任行为的实践。公民道德责任将大学生个人的价值理想与社会道德规范密切联系起来，它使大学生的道德信念始终与他在现代社会所要承担的责任相连，这样道德信念就不仅是抽象的价值，而是要高度关注行为的后果。其三，增强大学生公民道德责任，有助于大学生公民责任习惯的养成。公民道德意识包括感性阶段和理性阶段。其感性阶段体现为公民因社会和他人的道德要求而形成的初步的道德责任态度，此阶段公民对于社会道德义务形成了一定的责任情感，但并未上升为理性的自觉意识。在理性阶段，公民经过思考而形成更加成熟的道德认知，进而通过道德情感和道德意志，形成稳定的道德心理，指导个体的道德行动。大学生的公民道德责任态度一旦上升为理性的自觉意识，则成为稳定的责任意识，大学生将社会的道德要求内化为自己的心理需求，积极地实践各种道德行为，形成了自己积极的道德习惯。

① ［德］黑格尔：《法哲学原理》，范扬、张企泰译，商务印书馆 1961 年版，第 110 页。

（五）培养大学生公民能力

公民能力主要指公民的政治能力，即公民作为民主政治的主体所具备的政治参与的主观条件。公民能力主要包括两方面的内容：具备与公民角色相关的知识及与公民行为相关的技能。公民角色相关的知识包括公民的宪法与法律知识、对民主政治的认知、对现行政策的认知。与公民行为相关的技能包括公民知道了解和掌握获得政治、法律信息的渠道，知道如何向公共行政机关表达自己的意见、参与公共讨论的能力以及参与社区、公众活动的组织能力等内容。

培养大学生公民能力对大学生公民责任教育的作用体现在：其一，具备一定的公民能力是大学生在公共生活中履行责任、扮演好公民角色的必要条件。当大学生具备一定的公共责任感，要把他的责任意识转化为负责任的行动时，必须要依靠一定的能力。大学生参与政治活动，必须具备表达意见和建议、协商、沟通、妥协、谈判的技巧和能力。大学生履行政治监督的责任，必须有获取政府活动信息的能力，大学生向政府提意见和建议必须了解现行政治体系所提供的互动渠道。大学生维护公共权益不受侵犯，必须了解宪法与法律关于公民权利与义务的规定，必须遵守法律规定，依照法律程序维护权利。这些责任的履行都需要大学生具备一定的公民能力，否则大学生积极的责任热情不但不能达到预期的目标，还有可能适得其反。其二，具备一定的公民能力才能增强大学生的独立人格和理性精神。负责任的公民要求具备独立的人格和理性精神，而具备一定的公民能力恰恰是大学生获得独立人格和理性精神的重要支撑。独立人格是与奴性、依附性人格相对立的人格特点，它要求大学生以主体人的姿态处理与他人及权力部门的关系，不趋炎附势、低三下四，不崇拜权力、不怀有寄希望于救世主来挽救自己的依附心态。独立的人格强调大学生自觉思考、自我反省和自我决定的能力。理性精神则要求大学生具有“对一切重要的信念均坚持要批判地加以审查的态度”。大学生必须具备一定的慎思、批判的能力，能够从历史与现实的纵向比较和中外的横向比较中获取信息，能够以辩证唯物主义和历史唯物主义的世界观，全面地、辩证地、历史地分析问题，从而得出较为客观的结论。其三，大学生具备一定的公民能力有助于推动责任政府的建立。大学生具有参与公共事务处理的能力，有助于他们日后更好地参与政治决策和民主监督，促使政府行为负责。大学生形成正确的权利意识，日后才会在与政府互动时，促进政府对其权利的尊重。如美国政治学家范伯格所说，“权利是人们能够用来维护自己的东西，当人们所应有的权利得不到时，所做出的适当的反应是义愤；当权利及时被赋予时，也无须因此而感恩，因为它只不过是人们自己的东西，或他所应得到的东西”①。唯有公民的维权意识增强，才会强化政府为公共利益服务的责任感。

二　关于大学生公民责任教育实施的思考

（一）实施原则

1. 坚持社会主义核心价值观的指导原则

核心价值观是一个社会系统维系其秩序，引领其发展的居统治地位的核心理念，是一个社会需要长期普遍遵循的基本价值准则。2012 年党的十八大将社会主义核心价值观科学概括和表述为 24 个字：“富强、民主、文明、和谐、自由、平等、公正、法治、爱国、敬业、诚信、友善。”这概括了国家的价值目标、

① ［美］J. 范伯格：《自由、权利和社会正义》，王守昌、戴栩译，贵州人民出版社 1998 年版，第 83 页。

社会的价值取向和公民的价值准则。社会主义核心价值观的提出，实现了社会主义由理论形态、社会形态、制度形态向价值形态的历史的、逻辑的发展，体现了党从提升国家软实力的层面凝聚全社会价值共识的文化自信与自觉。社会主义核心价值观是社会主义的文化标志。

"富强、民主、文明、和谐"，是我国社会主义现代化国家的建设目标，也是从价值目标层面对社会主义核心价值观基本理念的凝练，在社会主义核心价值观中居于最高层次，对其他层次的价值理念具有统领作用。"自由、平等、公正、法治"，是对美好社会的生动表述，也是从社会层面对社会主义核心价值观基本理念的凝练。它反映了中国特色社会主义的基本属性，是我们党矢志不渝、长期实践的核心价值理念。"爱国、敬业、诚信、友善"，是公民基本道德规范，是从个人行为层面对社会主义核心价值观基本理念的凝练。它覆盖社会道德生活的各个领域，是公民必须恪守的基本道德准则，也是评价公民道德行为选择的基本价值标准。爱国是基于个人对自己祖国依赖关系的深厚情感，也是调节个人与祖国关系的行为准则。它同社会主义紧密结合在一起，要求人们以振兴中华为己任，促进民族团结、维护祖国统一、自觉报效祖国。敬业是对公民职业行为准则的价值评价，要求公民忠于职守，克己奉公，服务人民，服务社会，充分体现了社会主义职业精神。诚信即诚实守信，是人类社会千百年传承下来的道德传统，也是社会主义道德建设的重点内容，它强调诚实劳动、信守承诺、诚恳待人。友善强调公民之间应互相尊重、互相关心、互相帮助、和睦友好，努力形成社会主义的新型人际关系。

面对世界范围思想文化交流交融交锋形势下价值观较量的新态势，面对改革开放和发展社会主义市场经济条件下思想意识多元多样多变的新特点，积极培育和践行社会主义核心价值观，对于巩固马克思主义在意识形态领域的指导地位、巩固全党全国人民团结奋斗的共同思想基础，对于促进人的全面发展、引领社会全面进步，对于集聚全面建成小康社会、实现中华民族伟大复兴中国梦的强大正能量，具有重要的现实意义和深远的历史意义。作为当代中国主流的政治文化，社会主义核心价值观构成中国政治系统中的观念系统，引领着公民责任教育的方向，孕育着中国特色社会主义公民德性，并为现代国家建设的顺利转型提供政治文化支撑。社会主义核心价值观是当代社会主义意识形态的灵魂和核心，也是我国公民责任教育的重点与核心。用社会主义核心价值观引领、调控和规范我国的公民教育的价值方向、目标体系和教育内容，不仅有利于社会主义核心价值观的实现，也有利于形成中国特色社会主义的公民责任教育体系。

2. 回归生活实践的原则

道德源于活生生的人类世界，是人类社会共同体形成的共同的价值取向，是社会共同体在生产和生活过程中逐步形成的，正确处理各种社会关系的原则和规范的综合。从道德的形成过程来看，道德是人类在生活中和创造中形成的一种特定生活范式并被大众广泛接受的过程，人类对它逐步的认知和接受也有一个从模糊到清晰、由外而内、从不完善到比较完善的过程。既然道德的形成是源于生活的，那么道德教育也应该回归到生活实践中去。

公民责任教育要提高实效性，也必须遵循回归生活实践的原则，从活生生的现实世界出发，从教育内容上来看更加贴近学生身边的世界和亲身经历过的故事，在教育方法上更加积极地创建生活情境和呼唤生活感悟，更加强调道德教育在受教育学生中引起的反响和回馈，更加关注学生是否将道德教育的内容进行自我反思与提炼并最终运用到自身实践中去。“回归生活实践”并不是单纯空洞的口号，在公民责任教育过程中，教育者更加关注受教育者的理解和沟通能力，更加注重受教育者在生活中的践行能力，把公民责任教育回归到生活中去，让教育向活生生的生命个体开放，向未来开放，使公民责任教育的目标更加明确：让受教育者在不断地创造与生命体验中成为他自己，做最完善的自我。生活是最好的老师，也为我们提供了最丰富多彩的公民责任教育素材，从生活中提炼道德，将道德教育回归生活，这是公民责任教育应遵循的根本的原则。

3. 人文关怀原则

人文关怀就是对人类整体生活状况的关怀，是对符合人的尊严和生活环境的肯定，是对人类自由和解放的不断追求。总而言之，人文关怀原则就是密切关注人的生存与发展，努力做到关心人、保护人并尊重人，人文关怀原则的提出标志着整个人类社会文明的进步，反映了人类自觉意识的觉醒和提高。胡锦涛总书记在党的十七大报告中指出："注重人文关怀和心理疏导，用正确方式处理人际关系。"① 这体现了执政党对生命个体的关怀，社会对人的关爱。美国当代著名的教育家内尔·诺丁斯提出了"关怀道德教育"模式，"关怀道德教育"模式重视个体性和具体性，只有对受教育者真情实感的关怀才是道德的教育，只有关怀的道德教育才能培养受教育者的道德理想，使之成为有责任心、有关怀意识的关怀者。

公民责任教育的内容安排应反映出教育者对受教育者的关爱，虽然苏格拉底说过"美德即知识"，道德认知是道德行为形成发展的基础，但道德教育归属于生活世界，它是基于人对人的理解，蕴藏的是人文关怀的道德情怀，因为道德不仅是思维活动，更是一种心灵活动和精神欲求。关涉人的公民责任教育，只有关注人的生存与发展，才是人性化的教育。公民责任教育只有

① 胡锦涛：《高举中国特色社会主义伟大旗帜——为夺取全面建设小康社会新胜利而奋斗》，人民出版社2007年版，第35页。

深刻理解人的生命内涵，关切人的生存境况，才能发生道德视界的融合，道德情感的共鸣，才会激起主体的道德情感和道德行动。这就是公民责任教育回归生活的“人学”视野。

4. 注重教育对象的主体性原则与教育形式的主体间性原则

主体性是人的本质，也是道德的本质，是充满人文关怀的道德教育应有的哲学视野。主体性的发挥离不开主体的道德自由，自由意志与自我意识是道德存在的基本前提。德性在自我发展的意义上是超越，而在生活意义上是做人，学会做人才是生活的根本，才能唤起受教育者对道德的内在渴望和真切向往。内蕴生活旨趣的公民责任教育，不仅强调对道德义务的自觉，而且强调主体对道德权利的支配，它给受教育者更多的道德思考空间、道德判断和选择的权利。公民责任的发展不是表现为个体能够被动地接受道德制约，而是表现为对道德的主动把握、建构以及自主地实践道德生活的能力。

在对受教育者个体进行观察和了解的过程中，教育者必然会与学生进行适当的沟通和交流。传统意识上的知性教育更加注重的是教育者的主体地位和主导作用，道德教育过程主要是通过对受教育者进行灌输完成的。这种传统的道德教育模式漠视了学生学习的积极性和创造性，常常把道德教育理解为教育者角色担负的责任，是一种职业伦理要求。在这种伦理要求指导下的道德教育，教育者往往扮演的是居高临下的道德权威，与被教育者以不平等的身份进行道德对话和精神互动。公民责任教育要求教育者转变过去传统的以教育者为主导的教学形式，让教育者更加注重学生的主体地位和个体能动性的发挥，充分挖掘受教育者的学习潜能，注意发挥学生自我教育的能动性。公民责任教育是一种对话伦理活动，它将教育者与被教育者理解为交互主体，二者在对话和交往中形成的是“主体间性”，探求的是主体间的共同性和共通性。

（二）实施方法

传统的知性道德教育采用的教育方式是灌输与教导，从教育的成果来看，这样的道德教育方法已经不能被新时期大学生所接受，教育的实效性不是很理想。因此，采用新的道德教育方法就显得尤为重要，大学生公民责任教育的教育理念强调以学生为本，关注学生主体性人格的生成，责任公民的体现正是对道德的主动把握、建构以及自主地实践道德生活的能力不断成长。大学生公民责任教育正摒弃过去传统的强制性、封闭式道德教育方法转向生成式、创造性的教育方法。

1. 培养学生的成就愿望，促使大学生敢于担当的公民责任的生成。

培养和激励高尚动机，促使大学生产生积极行为，是大学生思想政治教育的一个重要课题，而培养和激励学生的积极行为，就要按照动机产生发展的规律，通过一系列行之有效的思想教育工作，使他们产生高尚、正确的动机，避免消极、错误的动机；强化潜在的积极动机，抑制消极、不良的动机，从而在行动上和行为选择是积极的，是符合环境要求的。需要在整个心理系统中占有非常重要的作用，从需要入手，想方设法帮助大学生不断实现自己的期望，把大学生的积极向上的热情调动起来。

首先，要引导大学生树立正确的成就愿望，所谓成就愿望，是指欲将自己的工作达到某种质量标准的心理需求。在未做事情前，每人都有一个成就目标，如果工作的质和量达到或超过了预定标准，则有一种成就感，否则就有失败感和挫折感。成就愿望受三个因素的影响，即成就动机、过去的成功经验、他人的影响。做大学生思想工作，应经常用学生过去成功的经历鼓励他们奋发图强，自我超越。用有血有肉的典型人物去感染大学生，使他们在思想上产生共鸣，进而产生赞赏、敬仰、效仿的思想感情和行为动机。在帮助大学生培养正确成就愿望的同时，特别要注意帮助大学生合理评价成就动机，努力使学生的成就动机建立于符合客观要求和现实的基础上，力戒充满幻想、不切实际的成就愿望。

其次，要为大学生创造培养成就需要的参与机会。高校多样化、多层次、丰富多彩的社团活动，各种学科的专业、非专业竞赛及科研活动、文化娱乐活动及其他社会实践都为大学生培养成就需要提供了方便之门。只要大学生的成就需要得到培养和激发，他们的进取精神一定会爆发出来。

2. 启发主体道德认知，以提升理性认知能力为主的理论说服式。

俗话说，言之无理，行而不远。尤其是公民责任教育，必须要“讲理”，善于用逻辑的力量征服人。大学生正处于思维生长的第二个高峰期，其理论逻辑思维迅速发展，热衷于理性、追求理性是他们心理发展的本质特征和内在动力。马克思说：“理论只要说服人，就能掌握群众；而理论只要彻底，就能说服人。所谓彻底，就是抓住事物的根本。”① 彻底的理论具有什么特性呢？吉林大学陈秉公教授认为，彻底的理论一方面具有逻辑的魅力，它通过概念或观念自身展开并建构起关于解释对象的严密的理论知识系统，而另一方面这种逻辑的展开同人类认识史以及当代实践经验的升华是一致的。即“逻辑的展开性、现实的广延性与历史的涵容性”三个理性的高度统一。② 要达到这一目标，教育者就要加深理论研究和增加知识储备，道德教育的理论魅力，首先取决于教育者具有扎实的理论功底和深厚的知识底蕴。

在具有较高的理论水平基础上，选取恰当的教育方法，对于

---

① 《马克思恩格斯选集》第1卷，人民出版社1971年版，第4页。

② 陈秉公：《创造“思想道德修养与法律基础”课的教学魅力》，《思想理论教育》2007年第4期。

增强说理的吸引力和感染力是有裨益的。第一，以启发式、问题引领式方法导入理论。每一个理论都有一个理论节点，这个节点可以是理论难点，也可以是受教育者最感困惑、最想弄懂的热点问题。抓住这个理论节点，设疑启发，由浅入深、层层深入，多方论证，让受教育者亲自去经历对问题的思考过程，寻找思考方法，积累思维经验，思维能力就能得到提高。层层设疑和启发，目的是使抽象的理论知识与学生头脑中已有的认知和思维图景联系起来，使说理变得生动活泼。第二，以典型案例激活抽象思维。借助大量生动而具体的案例，触动受教育者以往的生活体验，使抽象逻辑与自己联系起来，产生共鸣，从而进一步强化理论思维。第三，以对话、讨论和辩论来激发受教育者的自主思维。机械灌输式教育之所以失败，就在于不能引起共鸣，受教育者被动和消极地接受现成的结论。以对话、讨论和辩论开展理论教育，则可以在较短的时间内掀起一场头脑风暴，充分调动受教育者的思维主动性，达到瞬时思维的巅峰。根据美国著名认知派心理学家科尔伯格的研究，当学生倍感困惑、遇到障碍、进入某种两难境地时，恰好是推动学生理论思维提升的关键期，是产生道德认知的契机。

3. 培养创新意识，以学习共同体形式存在的开放建构式。

教育的建构主义认为，知识不是现存的、孤立的、对外部客观世界的被动反映，而是以社会和文化的方式为中介，是认识主体通过新旧经验与人际的互动，由主体间的共同参与和创造建构起来的。[1] 在此理念下建立起来的学习共同体，它不仅仅指课堂，同时指课堂内外以 6—7 人组成的学生学习小组，以及其由教师指导下开展的一系列与课堂教学相关的各种研究活动。包括

① ［美］莱斯利·P. 斯特弗、杰里·盖尔主编：《教育中的建构主义》，高文等译，华东师范大学出版社 2004 年版，第 9 页。

由学习小组共同对某一理论专题的讨论和研究，从而形成的多媒体、教学方案、演讲稿等形式的学生集体创作的作品，或关于美德的理论探讨和日常生活中践履美德的心得体会之交流。[①] 它设计的出发点，是试图打破“教师讲，学生听”的“一言堂”模式，使教学过程充满创造性、生成性或建构性的活动。比如，以小组为单位开展的“当代杰出人物成才路径研究”、“校园道德生活状况主题调查活动”等，道德知识的习得和创新人格的形成就在学习共同体自发式研究和创作作品的过程中逐渐生成。

4. 践履道德行动，过“有道德的生活”的实践体验式。

有道德的生活是自主的生活，也是有意义的生活。在生活中道德学习是如何发生的？它是人们在道德本能的基础上通过接受暗示、非反思性选择和自主选择的综合作用下发生的。有道德的生活给生活者一致的道德明示或暗示，在过有道德的生活过程中，这种选择与行动一方面给自己以道德暗示，另一方面，也为生活者积累了丰富的道德体验，为自己反思性的自主选择奠定了基础。[②] 例如，组织参加各种爱心公益活动，到博物馆、展览馆、爱国主义教育基地、工厂、农村等地，以参观体验的方式强化道德直观与道德感悟。开展拓展训练，借助于头脑风暴和小组互动，通过亲身体验、心得交流、教练导引与总结等形式，提升大学生的道德品质、心理素养和团队精神。这些活动都有助于大学生磨炼意志、丰富情感、完善人格、学会人际交往、增强社会适应力，从而内化社会的道德要求。有道德的生活通过暗示与非反思性选择这两种机制为个体涵养了坚实的道德修养，使个体产生了较高的道德追求，有达到更高道德境界的内心渴望，有助于

① 邵龙宝：《“学习共同体”与创新人格的培养》，《教育研究》2007 年第 1 期。

② 高德胜：《生活德育论》，人民出版社 2005 年版，第 82 页。

个体良好道德习惯的形成。

5. 注重学生情感体验，创设典型性道德情境的情境感染式。

情境感染式就是在公民责任教育的过程中，教育者根据道德教育目的和内容的需要，依据一定的生活逻辑和道德教育规律，创设道德教育的典型性情境，促进受教育个体产生体验，进而让受教育者通过内省来完成自我教育和完善自我的方法。由于生命是有限的，社会生活中的个体不可能事事都亲历、亲验实际生活，这就要求教育者在教育的过程中将生活情境中的典型性案例合理的归纳总结为道德教育的情境，使得受教育者在这种源于生活的情境中生成体验。教育者在运用这种方法对大学生进行教育时，要格外注意情境的创设，首先要做到创设的情境是不能违背生活逻辑的，当然更不能简单地按照生活情境进行照搬照抄，力争做到教育逻辑和生活逻辑的统一。

情境感染式作为一种教育方法，在具体操作时应该注意把握好以下几个方面：首先，遵循主体性道德教育的宗旨。在情境感染式道德教育过程中，要始终让受教育者处于主体地位，并让他们能够明确感知这种自我的主体地位，尊重他们的创造性、主动性和独立性，将他们置于情境感染的主要承担者位置上。其次，教育者要做好适当的引导。在道德教育情境中，要引导受教育者大胆的想象，激发他们内在的道德情感，积极倡导他们进行创新型思维并理解和保护他们的探索热情和创造灵感。在教育者进行积极的引导后，还应该及时地引导他们从自律性、自主性和创造性等方面，进行进一步的体验，及时促进他们和教育者或是受教育者之间的沟通交流，让他们在合作和分享的过程中提升自己的体验，受教育者体验情感的交流往往能碰撞出更精彩的火花。再次，道德教育情境的设置必须是基于受教育者的心理特点，根据他们对道德教育情境多样化的需求，教育者积极创设各种受教育者喜闻乐见的情境，来增强其生动性和感召力。最后，教育者要努力抓好四个环节。第一，教育者必须要利用特定的道德教育时机，营造出特定的道德教育氛围，构建出道德体验教育的“情绪场景”。第二，用道德教育情境的氛围感染和熏陶受教育者，激发他们在认知事物的基础上产生一种更高层次的内心体验。第三，教育者应该让受教育者更好地融入设定的情境中去，让受教育者在道德教育情境中自我感受、自我领悟和自我实现。第四，教育者要对受教育者在情境体验中的表现进行适时的总结和评价，对他们做出正确的评判，让他们认识到自己的优点和不足，从而形成自己客观的认知。

6. *广泛开展多种形式的志愿服务，在服务中强化大学生的责任意识。*

志愿服务是指任何人自愿贡献个人时间和精力，在不为物质报酬的前提下，为推动人类发展、社会进步和社会福利事业而提供服务的活动。这一概念既包括地方和国家范围内的志愿者行为，也包括跨越国境的双边的和国际的志愿者项目。志愿服务为发达国家和发展中国家福利的提高和社会进步做出了重要贡献。据一些发达国家统计，志愿服务所产生的价值已占到这些国家国内生产总值的8%—14%。它是各国和联合国进行人道主义援助计划、技术合作、改善人权、促进民主与和平的重要组成部分。志愿服务突出地表现在非政府组织、专业协会、工会和其他民间组织的活动中。许多社会活动，比如在消除文盲，免疫和环境保护领域，都主要依靠志愿者的帮助。

我国自改革开放以来，志愿服务活动已在全国范围内展开，并已逐步深入人心，参与志愿服务的人数越来越多，这种公益事业的开展对于提高公共服务的效率和效果，促进社会主义精神文明建设，推动团结、友爱、互助的社会主义新风尚的建立具有非常积极的作用。志愿服务从根本上来说体现了人的全面发展理论，核心理念是培育一种公共参与的志愿服务精神。志愿服务活动直接服务的对象是社会困难人群、社区公共福利促进和社会问题的解决，从而满足各种生活需要。而作为志愿者参与这一志愿服务行动，则体现了公民的社会道德素质的提高和社会潜能的发挥。人的发展的一个重要表现是他能对他所生活的社会环境从消极的被动适应转变为积极的主动改造。这种对公共事务的参与是个体超越自身的一种努力。这种公共参与具有自愿性质，目的不再是为了某种功利上的利益满足或逃避某种制裁，而是试图通过有益于社会来体现自己除职业、学业之外的社会价值。这种反馈性行为体现了一种新的公共道德，它将个人的幸福感与对自己所在社会的团结和整体福利紧密地结合在一起，并与在志愿服务活动中发挥自己的潜能而获得的愉悦相关联。我们称其为公共参与的志愿服务精神。这种志愿服务精神的价值不仅仅在于它带来的社会福利的增长，而且更重要的在于它本身就是一种价值体现，它是现代人对公共利益和公共领域的自觉认同，是完整把握权利与义务关系基础上的公民责任意识的最好体现之一。

怎样在社会志愿服务中增强大学生公民责任呢？第一，通过参与多种多样的志愿服务，培养大学生的爱心奉献精神。志愿服务的核心意识是爱心奉献，就是首先要爱社会、爱他人、爱自然，并且通过体现自己爱心的行为对社会有所帮助。人的关系性存在是对人的存在的抽象，大学生在实践中感受到人的关系性存在。感受关系，就要关注自我之外的存在，并以富于情感的行动去处理与自我之外存在的关系。从本质上说，爱心就是对人与人、人与社会、人与自然关系的发现、关系的认同、关系的情感化，因此，爱心可以导致责任的自觉，二者具有内在的逻辑一致性。爱心可以促成个体生成利他精神，因此参与志愿服务必然会强化公民的社会责任意识。第二，通过参与志愿服务，培养社会信任感。信任所强调的是主体之间关系的平等性、平衡性，强调任一主体对他者都负有尊重对方的权益和尊严的责任，信任的双方对对方都存有期待。因此，信任感的建立有助于催生主体社会责任感的产生。虽然这种责任并不是高尚的道德责任感，而是基于主体间的利益期待而产生的，但是它却是维护社会秩序所必不可少的社会伦理要求。第三，通过参与社会志愿服务，培养和磨炼大学生的参与能力，为大学生履行公共责任提供了锻炼的机会。公民的责任感并非自然形成的，而是通过公民广泛参与社会公共事务，在与其他公民、组织的社会交往过程中形成的。大学生在参与志愿服务时，可以认识到公共事务、公共利益的要求和目的，了解自己在实现这些目标过程中的地位和作用，并在社会生活中反复践行，训练自己的参与能力，从而产生对公共事务的责任感。责任感形成后，大学生对公共事务和公共利益履行责任就产生了内在动力。第四，通过参与社会志愿服务，提升大学生的道德思想境界，为形成高尚的道德责任奠定基础。大学生参与各种社会志愿服务，可以在帮助人、为社会利益服务的过程中，体会到爱心奉献的愉悦，从而净化人的灵魂，提升人的道德思想境界。高尚的道德责任感的获得不是一蹴而就的，而是在反复的道德实践过程中，循序渐进地形成了道德责任认知，产生了愿意实践的道德情感，形成了道德实践的意志力，最后才养成道德责任习惯，在社会公共生活中积极地付诸实践。志愿服务强化了这一过程，有助于大学生形成高尚的道德责任感。

三 公民责任的社会建设

（一）建设公民社会使其成为培育公民责任的温床

公民社会是公共领域中具有代表性的因素之一，对公民责任的形成和发展都将起到重要作用。我国学者俞可平分析了各国学者所提出的关于“公民社会”的不同定义，认为大致可以分为两类，一类是政治学意义上的，一类是社会学意义上的。“两者都把公民社会界定为民间组织，但强调的重点不同。政治学意义上的公民社会概念强调‘公民性’，即公民社会主要由那些保护公民权利和公民政治参与的民间组织构成。社会学意义上的公民社会概念强调‘中间性’，即公民社会是介于国家和企业之间的中间领域。正如 Gordon White 所说：‘从公民社会这一术语的大多数用法来看，其主要思想是，公民社会是处于国家和家庭之间的大众组织，它独立于国家，享有对于国家的自主性，它由众多旨在保护和促进自身利益或价值的社会成员自愿结合而成’。”[①] 它们具有以下特点：一是非官方性。这些组织是以民间的形式出现的，不代表政府或国家的立场。二是非营利性。它们不把获取利润当作存在的主要目的，而通常把提供公益和公共服务当作主要目标。三是相对独立性。他们拥有自己的组织机制和管理机制，有独立的经济来源，在政治、管理、财政上，相对独立于政府。四是自愿性。参加公民社会组织的成员都不是强迫的，而是完全自愿的，因此也叫作公民的志愿性组织。[②]

据统计，到 1989 年，我国全国性社团聚增至 1600 个，地方性社团达到 20 多万个。1989 年后，政府对各种民间组织进行重新登记和清理，社团组织的数量在短时期内稍有减少，1992 年全国性的社团为 1200 个，地方性社团约 18 万个。但不久后社团组织的数量重新回升，到 1997 年，全国县级以上的社团组织达

---

① 俞可平：《中国公民社会的兴起及其对治理的意义》，载俞可平等《中国公民社会的兴起与治理的变迁》，社会科学文献出版社 2002 年版，第 189 页。

② 同上书，第 190 页。

到 18 万多个，其中省级社团组织 21404 个，全国性社团组织 1848 个。县以下各类民间组织至今没有正式的统计数字，但保守的估计至少在 300 万个以上。[①] 这一社会自治空间的出现对整个社会的政治生活影响深远，在政治参与、决策民主、公民自治、政务公开和廉政建设等诸多方面，它们可以成为沟通政府与公民的重要桥梁。各种公民社会组织及时把其成员对政府的要求、建议、批评等集中起来转达政府，与此同时，也把政府的政策意图和对相关问题的处理意见转达其成员，从而推动了政府与公民之间的良性互动。

首先，必须适时地进行制度创新和体制创新，科学地划分国家与社会的不同职责。在始终不渝地坚持社会主义的基本制度的前提下，对原有的高度集中的政治、经济体制进行彻底改革，重新配置社会权力资源，科学合理地划分国家与社会的不同职责，充分发挥它们各自不同的社会职能。一方面应明确国家的基本职责是为社会的健康持续发展提供一个规范的法制环境、良好的政策环境、稳定的社会环境及公平的竞争环境。社会越是进步，国家这方面的职责就越应增强。在这一点上，任何否定国家作用的“无政府主义”思潮或倾向都是极其有害的。另一方面，应将人民当家做主真正落实到实处，充分调动公民和各类社会团体的积极性、主动性和创造性，为其有序地参与国家的经济、政治、文化生活提供条件和法律保障。同时，充分发挥它们对国家权力进行有效的监督与制衡的作用。只有将社会监督、法律监督、行政监督及党内监督有机地统一起来，才能有效地遏制国家权力机关和国家公职人员消极腐败现象滋生和蔓延，确保国家机构和国家公职人员的“社会公仆”性质。

---

① 俞可平：《中国公民社会的兴起及其对治理的意义》，载俞可平等《中国公民社会的兴起与治理的变迁》，社会科学文献出版社 2002 年版，第 200 页。

其次，必须正确处理政府责任与公民责任的关系。党的十六大报告提出，按照精简、统一、效能的原则和决策、执行、监督相协调的要求，推进政府机构改革。凡是市场可以发挥作用的地方，充分发挥市场的作用，政府不进行干预，政府只是在市场失灵的地方，发挥自己的作用。这就要求政府将把越来越多的原本属于社会和公民的权利归还给社会和公民，使公民拥有更多的参与权和选择权。而随之而来的问题是政府权力下放后，在一定时间内形成的一个权力真空，需要公民自己去填补。公民能否依法行使自己的权利，在很大程度上取决于公民是否具有良好的责任意识，因为责任是法律的生命。法律只有在广大公民权利意识、责任意识的滋润下，才能更好地发挥出其应有的效能。依法治国基本方略的贯彻实施，政府依法行政的具体落实，不仅需要规范和强化政府的责任意识，而且也需要所有公民切实担负起自己应负的社会责任。

再次，必须正确处理公民权利与公民责任的关系。公民权利与公民责任是一个密不可分的统一体，没有义务或责任的权利只能是特权，而没有权利的义务或责任只能是奴役。只有权利与义务或责任有机地结合起来，才能构成一个符合社会发展要求的公民社会。我们既应强调充分尊重每位公民的合法权利，凸显出公民的主体价值，使人民群众真正享有宪法和法律规定的当家做主的权利，也应强调公民必须履行宪法和法律规定的义务或责任。即公民应自觉遵守宪法和法律；维护国家统一和全国各民族团结；保守国家秘密；爱护公共财产、遵守公共秩序、尊重公共道德；维护祖国的安全、荣誉和利益；依法纳税等。如果一个公民只享有权利而不承担义务或责任，不仅有愧于公民称号，而且也是对自己的不负责任，最终连自己应享有的权利也会失去保障，而无法真正实现。

（二）建设公民责任的运行机制

1. 以制度性的通道扩大公民有序的政治参与。

党的十六大报告指出："健全民主制度，丰富民主形式，扩大公民有序的政治参与，保证人民依法实行民主选举、民主决策、民主管理和民主监督，享有广泛的权利和自由，尊重和保障人权。"这反映了我国民主制度建设的目标和宗旨，而怎样把这一宗旨付诸实践，还有许多问题需要落实。

一个民主的政体必然是重视公民政治参与的政体，而政体的稳定是由政治参与水平和政治制度化两项因素决定的。根据美国著名政治学者塞缪尔·亨廷顿的研究："任何政体的稳定都依赖于政治参与水平和政治制度化程度之间的关系。一个政治参与水平很低的社会，其政治制度化的程度可能会比政治参与水平较高的社会低得多。然而一个政治制度化和政治参与水平皆低的社会与政治制度化程度很高而政治参与水平更高的社会相比，前者会比后者更为稳定。""政治安定取决于制度化和参与的比例。要保持政治安定，就必须在政治参与发展的同时，一个社会政治制度的复杂性、自立性、适应性和凝聚性也必须随之提高。""从一定程度上讲，现代政体与传统政体的主要区别在于政治参与的水平不同，而发达政体与不发达政体的主要区别则在于政治制度化程度的高低。"①

我国公民政治参与在制度安排上主要表现为三种结构：民意代表结构、政治协调结构、民意表达结构。民意代表结构主要体现为各级人民代表大会。董必武曾这样概括人大的性质："我们的人民代表大会或人民代表会议是最利于人民参加国家

① ［美］塞缪尔·亨廷顿：《变革社会中的政治秩序》，李盛平等译，华夏出版社1988年版，第79页。

管理的组织，是‘议行合一’的，是立法机关，同时也是工作机关。”[①] 全国人民代表大会制度的这一特征，使它与公民的政治参与更为直接地融合起来。作为最基本的政治参与结构，其功能主要从两方面体现出来：政治录用功能及政治决策功能。前者，从法理上来说，中国所有的国家公职人员都是由选民通过人民代表大会制度录用的。后者，从法理上来说，人民代表在被选民选举时，就受命于民，要负责把选民的各种意见和要求带到人民代表大会中去，将这些意见和要求上升为国家意志。政治协调结构，集中体现为共产党领导下的多党合作和政治协商制度，这一结构的参与主体有自己的特殊性。体现为：其一，参与者不是一般公民个体，而是公民团体，其中又以政治党派和团体为主；其二，参与者一般都有较高的文化层次和比较特殊的社会背景，从而使这一结构带有一定精英参与的性质。这种结构以政治认同、民主协商和政治监督来实现政治参与功能。民意表达结构主要包括政府性民意表达结构和舆论性民意表达结构。前者主要由人民信访制度构成，后者主要是利用舆论来进行民意表达。

除此之外，还必须拓宽渠道，使公民可以参与政府的决策管理。由于目前我国政治生活中尚未建立完备的公民参与途径，对公民的知情权和话语权尊重得不够，在一定程度上影响了公民参政议政的热情，也限制了公民对政府权力的监督。由于政府本身的私密性、拥有的专业技术优势及公众的分散性，政治委托—代理关系天然地存在着信息不对称。因此，如果政府与社会的互动渠道不通畅，则存在着很大的道德风险。“只要政治代理人即政府是信息优势者，即拥有一些为政治委托人所不知的信息，而政治代理人的本性中又包含有自私自利的成分，那么，理性的政治

① 《董必武政治法律文选》，人民出版社1984年版，第181页。

代理人就有可能利用其信息优势谋取私利。”①

总体来说，一个有效的公民参与系统，必须包含几个相互影响的要素：

(1) 公民的主体性。在一个社会的治理体系中，必须真正确立公民的主体地位，政府的正当性和合法性要有公民的同意。在一个公民不具主体性的政府里，公民参与必然是形式主义的。

(2) 知情的公民。公民要具有参与公共事务处理的能力，行政机关应保障公民的知情权，使公民具有获取信息的可能，具备参与能力。政府应充分尊重民众的应有权利，公民要形成正确的权利意识，如美国政治学家范伯格所说，“权利是人们能够用来维护自己的东西，当人们所应有的权利得不到时，所做出的适当的反应是义愤；当权利及时被赋予时，也无须因此而感恩，因为它只不过是人们自己的东西，或他所应得到的东西”②。唯有公民的维权意识增强，才会强化政府为公共利益服务的责任感。

(3) 参与途径。社会应提供公民直接或间接参与公共事务的途径，一般来说，可以有以下途径。

① 公开听证。在涉及公共利益的政策、规划和决策上，举行公开听证，广泛听取公众意见，以保证政策、规划、决策更符合民意，符合公共利益。

② 民意调查。民意反映了公民对政府的期待，是构成政府责任的基础。尤其是涉及民众重大利益的决策，一定要在充分了解民意的基础上做出决策。

③ 咨询委员会。可以建立各种各样的咨询委员会，吸收外

---

① 李春成：《信息不对称下政治代理人的问题行为分析》，《学术界》2000 年第 3 期。

② ［美］J. 范伯格：《自由、权利和社会正义》，王守昌、戴栩译，贵州人民出版社 1998 年版，第 83 页。

界人员参加，借此加强公民与政府的联系，使政府决策更加科学化。

④ 舆论监督。社会舆论表达着社会和集体中绝大多数人的愿望和意志，政府应尊重公民的话语权，倡导和支持建立自由讨论空间，通过对行政行为的褒贬向政府传达社会反映，引导行为方向，从而起到规范行政行为的作用。

2. 构建责任政府，以负责任的政府行为带动公民责任的强化。

《布莱克法律辞典》对“责任政府”的解释是：“这个术语通常用来指这样的政府体制，在这种政府体制里，政府必须对其公共政策和国家行为负责，当议会对其投不信任票或他们提出的重要政策遭到失败，表明其大政方针不能令人满意时，他们必须辞职。”[①] 不同于西方契约式的责任关系，我国政府与人民是在中国共产党领导下通过选举构成的一种服务型责任关系，政府是社会和人民群众的服务机构，政府官员是人民的公仆，人民处于主导地位。在我国，责任政府指一种负责任的行政体系，它以全心全意为人民服务为政府的宗旨，政府的一切措施及领导干部的一切行为必须以人民利益为依据，政府行为必须对民意负责，当政府行为出现重大过失时，它必须承担相应的政治、法律和道义上的责任。

改革开放以来，特别是党的十五大以来，我国不断加强责任政治建设，在制度建设、推行责任追究上，取得了一定成果。十五大报告指出：“一切政府机关都必须依法行政，切实保障公民权利，实行执法责任制和评议考核制。”“推行司法改革，从制度上保证司法机关独立公正地行使审判权和检察权，建立冤案、

① Henry Campbell Black, *Black's Law Dictionary*, 6th edition, St Paul Minn, West Publishing Co. , 1990, p. 180.

错案责任追究制度。"这为推进责任政治指明了方向，规定了基本制度。近年来，行政执法部门和司法部门制定和推行了执法责任制和责任追究制。其他方面也制定了一些责任追究制度，如中共中央、国务院《关于实行党风廉政建设责任制的规定》，国务院《关于特大安全事故责任追究的规定》，公安部《关于人民警察执法过错责任追究的规定》等。同时，在查究失职、渎职者的责任方面也有新的进展，分别查处了一些社会影响恶劣的大案要案，处理了一批贪官，赢得了广大群众的拥护和支持，在匡正社会风气、树立负责任的政府形象方面取得了积极的效果。特别是在2003年"非典"期间，自4月20日至5月17日，从卫生部部长、北京市市长到全国十几个省、自治区和直辖市上百名政府官员由于抓"非典"工作不利，纷纷受到降职、撤职或党内及行政处分。党和各级政府通过处理大批失职官员等措施促进各级干部带领群众全力以赴防治"非典"，表现了对人民的关爱和高度负责的精神。政府"问责制"初步确立，责任政府的构建取得了实质性进展。

当前政府在责任建设方面依然存在问题，表现在：第一，行政人员的责任观念尚未完全树立起来。当前行政人员普遍需要转变行政观念，由领导观转变为公仆观，彻底改变"门难进，脸难看，话难听"的官僚作风。部分政府官员责任意识差，一有政绩就邀功请赏，出了问题则互相推诿，不肯负责任。第二，完善的责任机制尚未建立起来。就落实责任追究制而言，当前存在的问题是职责不清、责任追究缺乏具体规范和操作程序、人民代表大会的监督职能还没有很好地发挥出来。第三，政府与社会互动的渠道不够通畅。那么，如何建立责任政府？

一方面，强化行政人员的责任信念与良好的行政品德，夯实政府责任的道德基础。所谓信念，是人对某种现实或观念深信不移的精神状态。信念是对现实所做的一种价值判断和推论，它所揭示的内容总是同人们认为“应当”抱有的态度和采取的行动有关。任何责任都不是一种纯粹的外部性设置，只有通过人的信念才能发挥作用。信念先于责任，是责任的支柱，也是责任的发生机制。如果责任不转化为个人的信念，人就会自然而然地尽一切可能来回避责任。一个政府官员，如果没有建立起公共利益至上的信念，他就不会承担起维护公共利益的责任。即使制度设计完善，他在维护公共利益方面也不会表现出热情，当个人利益同公共利益的要求发生冲突的时候，就可能会破坏公共利益。由于人的责任行为是其责任信念的外化，故理想的责任教化是设法使责任内化为人的心理品质，使负责任成为人的自然需求。行政品德是行政人员行为规范在其个体身上内化的结果。良好的行政品德对于形成责任行为是非常重要的。行政人员需要强化公共利益至上的责任信念，形成良好的行政品德，使负责任成为一种道德习惯，自觉选择向公众负责的道德行为。没有行政人员自身的德性品格做基础，责任规范既不可能被内化，也不可能在行为中得到实施。而且由于现代社会的开放性和多变性，无论规则多么系统周全，都无法就所有可能的偶然事件提供指导。任何具体的规范都是有限的、不完全的，只有完善行政人员的行政品德，才能以不变应万变，真正掌握责任行政的主动权。

另一方面，加强政府责任制度的建设，促进政府依法行政、责任施政。首先，在行政立法方面，要注意处理好职权与责任、权利与义务的关系。进一步规范政府责任，对违法失职行为的性质、程度、后果及应承担的责任做到具体化。对有法不依、执法不严、违法不究甚至徇私枉法，造成严重后果的，不仅要严肃追究负有直接责任的主管人和其他人的法律责任，还要严肃追究有关领导人的行政责任，把行政执法责任制落到实处。其次，进一步明确责任追究的主体、对象与程序，狠抓制度的落实。要厘清各种权责关系，明确法律制度和程序，狠抓各项责任法律、制度的落实，使之不仅成为责任政治不可或缺的一个重要环节，而且是保障公民合法权益、促进民主政治实现的一个重要制度。再次，加强监督，建立健全制约机制。对党内要加强党委、纪委的监督和党员的监督。要把党的纪检机关真正建设成为“铁面无私”的有权威的监督机关。同时，要切实保障党员享有党章规定的批评权、检举权、申诉权和控告权等权利，充分发挥党员的民主监督作用。对政府，应加强民主监督和舆论监督，并使其紧密结合，发挥综合效应。充分发挥人民代表大会、政治协商会议、民主党派及各种群众团体的参政、议政和监督的职能。最后，改革政府行为考核办法，根除只对上负责不对下负责的弊端。改革任务指标式的行政执行评估体制，改变主要考核经济指标和其他单项指标的评估办法，建立科学的行政绩效评估体系，对上对下都负责，重点落实在怎样让群众满意。

（三）建立公民责任建设的保障机制

1. 建设社会主义法治国家，从根本上保障公民权利的有效落实。

党的十五大报告把“依法治国，建设社会主义法治国家”作为领导人民治理国家的基本方略加以确认，标志着我国领导方式、执政方式和治国方式的重大进步。1999 年《中华人民共和国宪法修正案》，把“中华人民共和国实行依法治国，建设社会主义法治国家”写入宪法第五条。自此，“依法治国”不仅是一个重要的政治规范，而且上升为重要的宪法规范，不仅具有政治约束力，同时还具有了宪法效力。

第一，要努力提高公民尤其是国家机关人员的宪政意识。所谓宪政意识，就是尊重宪法、维护宪法、自觉遵守和实施宪法的风气和习惯。宪政意识是保证宪法实施的重要条件，也是保障公民权利的重要前提。一个国家的宪政意识越强，宪法的实施越彻底，公民的权利就越有保障。由于历史和现实的多种原因，我国社会中还存在着许多漠视和轻视宪法的错误认识。如认为刑法、民法等部门法比宪法实用和有效力，较重视宪法中关于基本政治经济制度和国家机构的规定，轻视宪法中关于公民基本权利的规定。一些地区和单位之所以发生侵犯公民权利的现象，常常与公民的宪政意识不强有着密切联系。因此，必须在公民中深入开展宪法教育，培养“宪法至上”的法治意识，使公民养成自觉尊重、维护和遵守宪法的习惯。与此同时，应着重提高国家机关工作人员的宪政意识。除进行必要的思想教育外，还应建立一些相应的制度，如国家公职人员就职须宣誓忠于宪法和公民权利的制度，促使国家机关工作人员带头尊宪、护宪和行宪。

第二，应依法逐步建立适应市场经济机制的公民权利体系。马克思说：“权利永远不能超出社会的经济结构以及由经济结构所制约的社会的文化发展。”① 建立适应市场机制下社会发展需要的公民权利体系，应当从三方面考虑：一是健全和完善现行宪法中公民基本权利体系。现行宪法对公民基本权利的规定是不完善的。例如，现行宪法缺乏公民在市场经济体制下必备的契约自由权利。很多情况是把个人隶属于单位，使之难以自由平等地与单位发生契约劳动关系。又如，现行宪法未赋予公民迁陡自由权利。在市场经济体制下，为了实现资源最优配置，就需要迁陡自由权。而现行户籍制度依然存在很多不公平的歧视性政策，难以按照市场体制资源配置的需要实现劳动力自由流动。二是健全和完善宪法与刑法、民法、行政法等部门法之间的关系，由部门法具体保护宪法规定的公民权利不受侵犯，增强宪法的法律效力。三是积极借鉴世界上其他国家在维护公民权利方面通行的而行之有效的做法。例如，允许公民根据宪法原则和公民基本权利推定

① 《马克思恩格斯选集》第3卷，人民出版社1995年版，第305页。

公民权利和自由，从而最大限度地保障公民权利的实现。

第三，规范公共权力体制，依法行政，防止公权力侵犯私权利。首先，要防止作为权力主体的公共权力组织越权立法。例如，根据我国宪法规定，地方立法机关可以制定地方性法规，但这一权力要受制于国家立法权和国务院行政立法权。国家最高行政机关可制定执行法律的行政法规，国务院各部委可制定行政规章，但只能在全国人大授权的范围内行使权力。但现在有的地方人大超越权限增设公民基本义务，有的部委在其制定的规章中越权增设法律未授权的制裁方式和处罚方式，限制或减少当事人依法享有的权利。为此，法律应以明确的规范，确认各公共权力组织行使权力的种类、职能和范围，以此作为各权力主体行使权力的法定依据。其次，应限制各权力主体的自由裁量范围。由于本位主义等原因，一些地方或部门，常常滥用手中的自由裁量权侵犯公民权利。例如，增设只能由法律规定的权利义务，扩大法律规定的制裁和处罚幅度，减少本部门对公民的义务等。为此，法律应以明确的规范，限制权力主体行使权力的自由裁量范围，明确规定各权力主体在其法定范围内的决策与作为，均不得与法律规定的公民权利相抵触。最后，法律规定应明确与权力行使相对应的法律责任条款。侵犯公民权利的现象之所以在一些地区和部门屡屡出现，其主要原因之一就在于做出这类决策和作为的部门及个人常常不用承担任何法律和行政责任。法律应对权力行使规定明确的法律责任条款，限制公权力对私权利的侵犯，依法保护公民权利。

第四，加强和完善我国宪法监督制度，保障公民权利。一是要充分发挥全国人大及其常委会的宪法监督作用。全国人大应建立一个专门行使宪法监督职权的工作机关，从事日常的辅助性宪法监督工作；尝试设立公民监督委员会，在全国人大领导下，广泛、密切地监督公共权力的活动是否侵犯公民权利。二是赋予地方国家权力机关在本行政区域内相应的宪法监督权。把大量一般性的宪法监督和保障公民权利的问题消化在地方，提高行政监督的效率。三是启动宪法诉讼制度。所谓宪法诉讼，就是公民的宪法权利受到侵犯后，能向有关机关申请消除侵害得到救济的诉讼。宪法上的权利通常都能成为刑法、民法、行政法保护的对象，并通过刑事、民事、行政诉讼得到相应的保护。但是，一个国家的法律制度往往不可能完备到足以囊括一切宪法规范的程度，总有一些宪法权利得不到部门法的保护。因此应该通过宪法诉讼，更好地实现对公民权利的保护。四是扩大司法机关宪法监督的职权。应当改变我国检察机关只检察犯罪案件，不检察一般违宪事件的状况，相应地提供程序保障，使之在宪法监督、保障公民权利方面发挥重要作用。

2. 建立和完善社会公正制度，为公民尽责创造良好的社会环境。

公民尽责不只是公民个体的道德表现，它需要良序社会的保障。罗尔斯认为，在以民主政治为背景的现代社会中，说一个社会秩序良好，至少表达了这样几点意思：a. 在这个社会中，有一种公众认可的公正理念，每一个人都接受且知道这个社会中的其他所有的人也接受这个相同的公正原则；b. 在这种公正理念指导之下，社会成员间形成稳定的合作系统，这个合作系统不仅被公众认为是公正的，而且还构成社会的基本结构，具象化为制度体制；c. 社会所有成员都有一种有效的正义感，都能按照社会的基本制度行事。① 社会公正，是指从宏观上评价社会，调节社会与社会成员的关系，反映的是社会与社会成员之间权利与义务的对等关系，其主要内容包括三方面：一是在经济上，社会生产资料所有制形式要符合历史发展的规律，具有先进性。二是在

① 高兆明：《制度公正论》，上海文艺出版社 2001 年版，第 279—280 页。

政治上，广大社会成员有平等的政治、社会、法律地位。三是在分配领域，要实行合理的社会产品分配制度，这种制度能够成为一种激励机制，调动社会成员的生产积极性。

我国当前社会公正状况如何？学者孙立平认为，自 20 世纪 90 年代以来，中国社会发生了结构断裂，即在社会等级与分层结构上，一部分人被甩到了社会结构之外①，而且不同阶层和群体之间缺乏有效的整合机制；地区之间表现为城乡之间的断裂；社会的断裂还表现在文化以及社会生活的许多层面。② 学者李萍关于“公民日常行为的调查”也可以提供参考。“有 31% 和 47%（有效样本总数是 1614）的公民认为我们社会中不公平现象‘很多’和‘比较多’。”“关于不公平现象的主要体现，53.2% 的公民认为主要是‘官民差别’，20.3% 的认为是‘城乡差别’，12.7% 的认为主要表现在‘地区差别’上。”被调查公民中有 59.5% 的人认为，造成这些不公平现象的最主要原因是

① 孙立平认为，目前的下岗和失业者特点是：年龄基本在 35 岁或 40 岁以上，大多数只受过中等教育，过去所从事的主要是低技术的工作。而新的就业机会，则需要相当高的受教育程度，这些工作岗位主要是提供给受过高等教育的年轻人的。即使新的经济增长来临，即使国有企业的改革搞好了，他们的状况也难有根本的改变，对于他们中的绝大部分人来说，第一，回到社会的主导产业中去，根本没有可能；第二，在目前的体制下，回到原来那种稳定的就业体制中去，根本没有可能；第三，朝阳产业不会向他们提供多少就业机会。因此，这也就意味着，目前的下岗和失业者，事实上是社会中的被淘汰者，他们已经成为被甩到社会结构之外的一个群体。（参见孙立平《转型与断裂——改革以来中国社会结构的变迁》，清华大学出版社 2004 年版，第 110—111 页。）另外一个明显的断裂表现在城乡之间，大量的农村劳动力和人口导致农业的小规模经营，无法实现产业化，农民从农业中获得的收入，只够购买农业生产资料的费用。在这种情况下，农村和农民显然无法与日益工业化和现代化的社会成为一体。（参见孙立平《断裂——20 世纪 90 年代以来的中国社会》，社会科学文献出版社 2003 年版，第 4—5 页。）

② 孙立平：《转型与断裂——改革以来中国社会结构的变迁》，清华大学出版社 2004 年版，第 109—118 页。

“有关制度不合理”。这说明，“在中国社会改革与社会转型的过程中，对社会公正最具损害性的是权力、资本与市场相互勾结，产生寻租、腐败等机会主义行为，出现了‘部门权力化’、‘权力利益化’以及‘利益法律化’（指政府部门通过行政立法或制定规范性文件，使不合法的经济利益合法化、固定化，通过立法扩大权力范围）等现象。这也是公民认为社会不公平主要是‘官民差别’的原因所在”[①]。

建设公正社会最根本的还需要进行体制安排。学者孙立平在指出了社会结构断裂体现之一的失业表现后，指出“如果承认这些人（指失业下岗者）将永远也不可能回到社会的主导产业中去，甚至无法找到稳定的就业机会，就需要在创造边缘性就业机会的同时，做出某些制度性的安排，来保障他们的基本经济和社会需求”[②]。对于城乡差别，不可否认引起不公平的重要因素是户籍等城乡二元社会制度，使得城乡差异日益扩大，农民得不到公民应有的待遇。当他们以农民工的方式流动到城市后，多数人只能从事劳动强度大、劳动环境差或具有某种危险性的工作，不能享受社会保险和其他城里人能够享受的社会福利，遭受到很多不公正的歧视性待遇。[③] 而要解决这一问题必须从制度上打破户籍限制的城乡二元对立结构，使公民资格的普适性不只停留在

① 李萍：《公民日常行为的道德分析》，人民出版社2004年版，第193—195页。

② 孙立平：《断裂——20世纪90年代以来的中国社会》，社会科学文献出版社2003年版，第3页。

③ 例如，在北京和上海，政府都明确规定了许多工种不许农民工从事。以北京为例，一个外地农民工要想在北京合法打工，首先要在户口所在省市区办理“流动人口证”，同时缴纳管理服务费50—80元/年，到了北京后又需要办理的证件多达六七种，每个打工者每年至少需要支出450元。而遭到公安、城管、工商等执法人员的粗暴对待，更是司空见惯的事情。（参见孙立平《断裂——20世纪90年代以来的中国社会》，社会科学文献出版社2003年版，第5页。）

宪法的形式性上，更具有实质性的公民权利意义。对于“官民差别”，如果不从根本上建设宪政国家，对公权力进行明确限定，没有完善、独立的司法体制、民意监督机制、社会自卫机制，则无法扭转中国传统社会形成的几千年的“官本位”现象。总体来说，我们需要一个系统的、全方位的制度建设，才能相对地解决社会公正问题。经济层面，通过市场经济体制的建立，使各种生产要素、社会资源充分地由市场来配置，让所有人都有同等的机会支配社会资源，从而减少利用政治或行政上的权力、地位以及其他不正当的关系来获取社会资源的可能性；政治层面，加强法治、民主建设，确保公民的权利平等和政治参与，防范、遏制权力的滥用及其无边界扩展；行政层面，建立现代型的行政体制，精简机构，提高行政效率，转换政府职能，规范政府行为，促使其有规则地运作；社会层面，完善公共教育制度、建立社会保障系统、健全税收制度等，使机会与资源的分配趋于公平合理。

四　加强公民责任建设的意义

（一）有利于公民道德调控体系的建立

所谓道德调控，是指一定社会、阶级或群体，通过社会的力量，采取各种措施，使特定的道德原则和规范、道德价值观念和目标在大众层面上被接受并转化为人们的道德认识、情感、意志和信念，以适应社会、阶级或群体的价值目标的活动和过程。[①]我们所建立的公民道德调控体系应以责任为中心。根据道德调控的方式和手段的不同，可以将此调控体系分为两个组成部分：采取以软手段为主要调控方式的部分和以制度强制力为保证的调控

① 唐凯麟：《伦理学》，高等教育出版社2001年版，第196页。

部分。前者，如上文论述的，主要通过精神性力量提高公民对责任的认识、培养公民对责任的感情，从而达到规范公民行为的目的，它包括以责任为中心的道德评价、道德教育等活动形式，高扬超功利性价值与目的性价值。后者，强调责、权、利统一的硬手段，主要指各个领域的以责任为中心的各种形式的责任制，其内容具有功利性，手段具有工具性，但其道德调控的实际效果是毋庸置疑的。两类调控手段可以取长补短、相辅相成，有助于公民道德调控体系的建立。

第一，有利于建立覆盖全社会的公民道德调控网络，发挥社会最广泛的道德调控功能。

自改革开放以来，各种形式的责任制包括经济责任制、工作岗位责任制相继建立健全，责任制已经普遍存在于社会各个领域、各个部门之中。责任制和道德教育、道德评价一起，使道德调控不再只是宣传教育、思想政治工作部门的事，而是一切社会部门的工作，这样就形成了广泛的覆盖全社会的调控网络。市场经济条件下，社会经济成分、组织形式、就业方式、利益关系和分配方式日益呈现多元化的趋势，相应地人们的思想价值观念也日益多元化，如果没有各个部门的具体工作和具体制度，公民道德建设很难落到实处，很难建立起渗透社会各个方面的道德调控网络。道德调控主体的广泛性是道德具有广泛约束力的前提。由于公民道德的内容十分贴近人们的现实生活，涉及社会生活的各个领域，因此相应的责任制度也必然涉及社会生活各个领域、各个方面。只有这样的道德调控网络建立起来，才能形成强大的道德氛围，构成对个体无处不在的道德引导力和约束力。

第二，有利于政府责任制度的建设，发挥政府在公民道德建设中的引导和示范作用。

政府在公民道德建设的全过程中扮演着重要的角色，发挥着指导、规范、统筹管理、示范的重要功能和作用。政府自身以负责任的特征和行为面对公众，“身教重于言教”必然会大大推进公民道德的建设并强化其实际效果。首先，建立行政问责制，要处理好职权与责任的关系。进一步规范政府责任，对违法失职行为的性质、程度、后果及应承担的责任给予具体化处理。对有法不依、执法不严、违法不究甚至徇私枉法，造成严重后果的，不仅要严肃追究负有直接责任的主管人的法律责任，还要严肃追究有关领导的行政责任，把行政执法责任制落到实处。其次，加强监督，建立健全制约机制。对党内要加强纪委和党员的监督。真正发挥纪检机关“铁面无私”的权威，切实保障党员民主监督的权利。对政府，应加强民主监督和舆论监督，并使其紧密结合，发挥综合效应。充分发挥人民代表大会、政治协商会议、民主党派及各种群众团体的参政、议政和监督的职能。再次，改革政府行为考核办法，根除只对上负责、不对下负责的弊端。改革任务指标式的行政执行评估体制，改变主要考核经济指标和其他单项指标的评估办法，建立科学的行政绩效评估体系，对上对下都负责，重点落实在怎样让群众满意。

第三，有利于弘扬社会道德风尚的公民道德实践活动的开展，发挥群众在公民道德建设中的聪明才智和骨干作用。

人民群众是推动社会历史发展的不竭动力，既是道德建设的实践者，也是道德实践的受益者，人民群众在对美好新生活的向往，对高尚道德情操和思想境界的不懈追求过程中，蕴藏着道德建设巨大的积极性和创造性。由于责任总是敏感地、具体地反映社会各领域各方面的道德要求，因此在公民群众性的道德创建活动中，道德活动始终与履行公民责任密切相连。“道德之所以是道德，全在于具有知道自己履行了责任这样一种意识。”[①] 责任

① ［德］黑格尔：《精神现象学》（下卷），贺麟、王玖兴译，商务印书馆 1979 年版，第 157 页。

在社会公德中，体现为由对公共善的价值的承认而选择尊重他人、尊重秩序的负责任的道德态度和行为；在职业道德中，体现为对职业责任的尊重和实践；在家庭美德中，体现为对家庭角色义务的无私的承担。因此，在群众性的道德创建活动中无不体现着责任的灵魂。例如，通过以“讲文明、树新风”为主题的文明城市、文明村镇、文明社区等的创建活动，培养公民对公共生活的责任意识，使公民对所属城市、村镇、社区等的发展有较强的使命感和明确的责任担当的意识。再如，在服务行业广泛实行社会服务承诺制，明确公布服务内容、服务程序、完成时限、应负责任等标准，向社会公开做出承诺，并公布投诉监督电话，未实现承诺的单位和负责人将受到处罚。这种承诺不是普通意义上的契约，当工作人员郑重其事地许下诺言时，就是将自己的言行纳入自律、德性的领域，是对一般义务的延伸和提高，责任将实现由工具性价值向目的性价值的飞跃。又如，通过“志愿者行动”、“希望工程”、“送温暖工程”等社会公益活动，培养公民对社会中陌生人的尊重、关心、爱护的责任意识。各种创新的道德实践活动层出不穷，强化了公民的责任意识，弘扬了社会主义道德风尚，成为社会主义精神文明建设的不竭的动力。

（二）有利于推进权力的民主化和行政的公开化

公民责任的核心内容是公民在公共生活中的角色体现，它包含两层意思：当公民直接面对政府权力运作时，它是公民对于这一权力公共性质的认可及监督；当公民侧身面对公共领域时，它是公民对公共利益的自觉维护与积极参与。作为公民同公共权力之间关系的一种价值反映，公民责任体现为一种政治作为或不作为，内容包括对公共权力的认同、支持或对抗、反对，对选举、公共政策制定等政治活动的参与以及对公共权力的监督和批判等行为。

第一，增强公民责任，扩大公民有序的政治参与，有利于推进公共决策的科学化、民主化，保障决策的公共利益价值取向。

公民的利益要求和意愿表达是公共决策的重要依据，决策体系只有在广泛听取、吸收社会各利益群体的利益要求的基础上，对社会各类利益要求进行综合协调，才能使分散的利益要求整合为社会公共利益。在现代民主政治中，公民参与是公民与决策体系发生联系的最直接和最有效的方式，是实现公民责任的重要途径。决策参与程度的提高，扩大了决策的传导和反馈渠道。除了决策系统自身开辟的专门渠道外，又增加了因公民参与而形成的经常性、全方位的传导和反馈渠道，这就能够比较好地做到下情上达和上情下达，使决策体系更加完善。有利于保证决策体系正确反映社会各利益群体的利益要求，做出科学决策，及时发现和纠正决策中的失误，迅速解决政策体系和政策过程中的矛盾和问题。可以使决策体系及时有效地进行功能转换，最大限度地防止决策失误。即使出现决策失误，公民也能够通过新一轮的参与及时予以纠正，避免因决策失误造成社会损失和社会矛盾而影响政策体系的权威。

在当代政治哲学中，政府被广泛看成是协调个体公民利益的集体行为以便达成某种公正目的的有价值的工具。[①] 政府在这个意义上被视为实现公共利益和社会公正的最合适的代表者，应该在为公共利益服务的原则下指导公共行政。公共利益是现代政府制定公共政策的合法性来源。在现代民主社会，民主权利就是确认所有公民为参与民主政治程序所应该广泛拥有的那些平等的权利。而这种民主权利的功能就是确保在民主决策中每个人的利益

① ［加拿大］莱斯利·雅各布：《民主视野》，吴增定等译，中国广播电视出版社 2000 年版，第 88 页。

都得到平等的考虑。[①] 因此，公民参与公共决策至少确认了两点可能：一是在特点或其象征意义上，每个公民作为在公共决策中值得考虑的人，都享有平等的公共地位；二是公民具有实际影响决策体系的潜在能力。在民主的决策程序中，公民参与在很大程度上调节了决策过程与公民的意愿和选择之间的矛盾和冲突，从而保证行政决策与公共利益不相背离，使公共政策始终以公共利益为依归。

第二，增强公民责任，促进公民有序参与，有利于实现和扩大公共行政的合法性基础。

合法性与政治现象相生相伴，它是指社会秩序和权威被自觉认可和服从的性质和状态。它与法律规范没有直接的关系，只有那些被一定范围内的人们内心所体认的权威和程序，才具有政治学中所说的合法性。“正当性”和“认同”是构成合法性的两个基本要素。对于公共行政而言，行政体系的合法性是其权威的重要来源，是行政绩效存在和持续发展的动力，其评价标准就是公民对公共行政体系及其决策方案的认同和忠诚程度。在一定意义上，公民参与是以公民对现存政治体系合法性的基本认同为前提的。公民参与本质上就是公民通过合法的参与途径向行政体系表达自身利益要求以影响行政决策的过程。在参与过程中，公民已经在一定意义上直接或间接地认可了行政体系的权威，并且直接显示出了公民的政策倾向，而这种政策倾向则是制定政策的重要依据。而且如果没有公民与政府的互动，没有公民对决策的认同和支持、贯彻和执行，任何决策都难以收到预期的效果，其合法性也就不复存在了。而且，公民在参与决策的过程中，培养了自身的主体意识，锻炼了其参政议政的能力，而这种主体意识的提

① ［加拿大］莱斯利·雅各布：《民主视野》，吴增定等译，中国广播电视出版社2000年版，第103页。

高与政治民主化是互为因果的。在一定意义上来说，制度化、法制化、普遍化的公民参与，是公共行政稳定的重要标志和对行政体系合法性的实际肯定，是实现和扩大民主政治的合法性基础的重要途径。

第三，增强公民责任，提高公民监督和质疑政府权力的能力，有利于防止公共权力腐败和滥用。

公民的政治参与是公民监督权力的基本途径。我国政府与人民是在中国共产党领导下通过选举构成的一种服务型责任关系，政府是社会和人民群众的服务机构，政府官员是人民的公仆，人民处于主导地位。人民通过选举组成人民代表大会，再由人民代表大会选举产生政府，政府只是人民代表大会这一权力机关的执行机构。我国政府以全心全意为人民服务为政府宗旨，政府的一切措施及领导干部的一切行为必须以人民利益为依据，政府行为必须对民意负责，当政府行为出现重大过失时，它必须承担相应的政治、法律和道义上的责任。但是，我们必须清楚，不管制度本身设计得多么完善，由于公共权力具有对社会价值进行权威性分配的特殊职能，因此公共权力极有可能被私人滥用，也就是说，人民选举出来的权力掌握者，也有以权谋私的可能。因此，必须对权力进行制约，对权力的掌握者进行监督，以保障人民的利益，这是人民民主权利的重要内容之一。公民要具有参与公共事务处理的能力，具备监督和质疑政府行政行为的能力，行政机关应保障公民的知情权，使公民具有获取信息的可能。政府应充分尊重公民的应有权利，公民要形成正确的权利意识，如美国政治学家范伯格所说，“权利是人们能够用来维护自己的东西，当人们所应有的权利得不到时，所做出的适当的反应是义愤；当权利及时被赋予时，也无须因此而感恩，因为它只不过是人们自己的东西，或他所应得到的东西”[①]。唯有公民的维权意识增强，才会强化政府为公共利益服务的责任感。

（三）有利于推动和谐社会的建设

第一，建设和谐社会要求公民以科学的、负责任的态度促进人的全面发展。

党的十六届四中全会提出了建设社会主义“和谐社会”的重要命题。“和谐社会”是一个具有丰富内涵的概念。在一定意义上，可以归纳为四方面的和谐：一是社会系统内部基本社会关系、社会结构和要素之间关系的和谐。主要体现为经济关系、政治关系和思想关系之间和谐，物质文明、政治文明和精神文明协调发展、共同进步。二是人与人之间关系的和谐。人与人之间的关系，本质上是一种利益关系。对于执政党来说，妥善协调和正确处理人们之间的各种利益关系，是实现人与人之间关系和谐的关键。三是人与社会之间关系的和谐。就人与社会两者的关系而言，归根到底，人是社会的主体。各种社会关系是人在其社会实践过程中发生和建立起来的。但是，社会关系一旦被建立起来并被固定化、制度化，就会规范和影响人的存在。因此，人的发展与社会的发展总是相互作用、相互制约的。四是人与自然之间关系的和谐。自然作为人类生存的必备前提和条件，实际上已经通过人的实践活动转化为社会的一部分。和谐社会的发展要求人与自然的关系也趋向融合和统一。

坚持社会和人的全面发展，是科学发展观的中心内容，也是建设社会主义和谐社会的根本目标。人的全面发展是人的本质的要求和体现。所谓人的全面发展，就是人的社会关系的发展，就

① ［美］J. 范伯格：《自由、权利和社会正义》，王守昌、戴栩译，贵州人民出版社 1998 年版，第 83 页。

是人的社会交往的普遍性和人对社会关系的控制程度的发展。在人与自然和社会的统一上表现为在社会实践基础上人的自然素质、社会素质和思想道德素质的发展，就是在人的各种素质综合作用的基础上人的个性的发展。人的全面发展包括多方面的内容，最基本的方面，是德、智、体、美等各方面素质的协调发展。增强公民责任，提高公民的综合素质，使公民以科学的、负责任的态度发展自身，既是人的全面发展的内在要求和促进人的全面发展的有效手段，又是建设社会主义和谐社会的必然要求，是和谐社会题中应有之义。

第二，建设和谐社会要求公民树立权利和责任协调平衡的观念。

"一个和谐的社会应当是一个正义的社会，一个充满道义关切和共享和谐的社会，需要的是公平正义的制度安排，以确保社会全体成员能够分享平等的基本权利和共同的社会责任。"① 公平正义的制度安排是建立和谐社会的基本条件。正义观念存在于所有的人类社会中，它是关于如何处理个人与他人、个人与社会之间关系，如何分配社会权利和义务的一种准则或尺度的观念。权利与义务是相对而言的，一方的权利要求他方予以尊重，承担某种作为或不作为的责任，反过来也是如此。公民责任作为公民对他人、社会的权利义务关系的体现，也必然把维护公平正义作为其重要任务。这就要求公民树立权利和责任相协调、相平衡的观念。

我国自古就很重视建立政通人和、人民安居乐业的和谐社会，但是传统的和谐社会往往是以牺牲个人的权利，单向度地要求人的责任，来换取社会和谐的局面。所以，传统的和谐社会无

① 万俊人：《"和谐社会"及其道德基础》，《马克思主义与现实》2005 年第 1 期。

法激发人的活力，作为君主专制统治对象的忠孝的臣民毫无主体性可言。现代的和谐社会是一个以人为本的社会。一切活动的根本目的，都是为了人的生存和发展。秉持这样的理念，现代的和谐社会能够协调好社会整体利益和个体利益的关系，充分保障公民权利的享有，并要求公民履行相应的责任，使社会呈现出一种权责平衡的公正的状态，社会各群体和成员“各尽所能，各得其所”。和谐社会的一个重要标志是，社会各阶层、各群体之间保持着一种互惠互利的权责平衡的关系。处在较高位置的阶层和群体的利益增进，不能以损伤处在较低位置的阶层和群体的利益为必要的前提，相反，在较高位置的阶层和群体的利益增进的同时，较低位置阶层和群体的处境也应当随之得到改善。建立和谐社会必须树立权责平衡的观念，首要的是要建立一套全社会能够认同和接受的社会公平和公正的准则，并将其付诸制度设计。在此准则和制度下，各个群体和阶层能够“各美其美、美人之美、美美与共，天下大同”。

第三，建设和谐社会要充分调动人的积极性、主动性，增强公民的道德责任意识。

建设和谐社会，要“坚持最广泛最充分地调动一切积极因素，不断提高构建社会主义和谐社会的能力”，“形成全体人民各尽其能、各得其所而又和谐相处的社会”①。它要求把和谐社会建设的主体和重点，落实于活生生的人民群众身上，落实于每个公民身上，尊重人民群众，相信人民群众，依靠人民群众，充分发挥人民群众在和谐社会建设中的积极性、主动性和首创精神。道德责任意识是和谐社会有序运行的保证。道德责任意识是个体自我意识中最核心、最深入的层次。它既是个体的自由意志的最高规定，又是个体道德行为的自觉自主的内在依据。道德责

① 《中共中央关于加强党的执政能力建设的决定》。

任意识的作用就在于，通过对外在行为的道德调控来实现和保持一定的个体自身的价值。从理论上讲，道德责任和个人自由意志是密切相连的，一方面，自由是确定个体道德责任的重要依据，有行为选择自由，就需要主体承担道德责任，个体有多少自由，就应承担多少道德责任；另一方面，责任是自由得以合理运用的保证，缺乏责任意识，自由就会被滥用，出现任意妄为的行为，造成对他人、社会的不利影响，影响社会秩序的和谐与稳定。我们建设和谐社会，推动精神文明、物质文明和政治文明的协调发展，都要依靠人的主观能动性的发挥，依靠人的主体行动将和谐社会的理念转化为现实。一个具有道德责任意识的公民，能够积极地履行对他人和社会的责任，将“民主法治、公平正义、诚信友爱、充满活力、安定有序、人与自然和谐相处”的和谐社会的道德要求内化为自己的道德信念，形成道德行为习惯，并将其积极付诸实践。

主要参考文献

A. 马克思主义经典著作

1. 《马克思恩格斯选集》第 1—4 卷，人民出版社 1995 年版。

2. 《马克思恩格斯全集》第 1 卷，人民出版社 1956 年版。

3. 《马克思恩格斯全集》第 3 卷，人民出版社 1960 年版。

4. 《马克思恩格斯全集》第 42 卷，人民出版社 1979 年版。

5. 《马克思恩格斯全集》第 46 卷（上），人民出版社 1979 年版。

6. 《列宁选集》第 3 卷，人民出版社 1995 年版。

6. 《毛泽东选集》第 1—4 卷，人民出版社 1991 年版。

7. 《邓小平文选》第 1—3 卷，人民出版社 1993 年版。

8. 《董必武政治法律文选》，人民出版社 1984 年版。

9. 胡锦涛：《高举中国特色社会主义伟大旗帜——为夺取全面建设小康社会新胜利而奋斗》，人民出版社 2007 年版。

10. 习近平：《在第十二届全国人民代表大会第一次会议上的讲话》，人民出版社 2013 年版。

B. 国内学术著作

1. 罗荣渠：《现代化新论——世界与中国的现代化进程》（增订版），商务印书馆 2004 年版。

2. 尹保云：《什么是现代化——概念与范式的探讨》，人民出版社 2001 年版。

3. 施雪华：《政治现代化比较研究》，武汉大学出版社 2006 年版。

4. 刘学军：《政治文明的文化视角——中国现代化进程中的政治文化走向》，江西高校出版社 2004 年版。

5. 谢鹏程：《公民的基本权利》，中国社会科学出版社 1999 年版。

6. 焦国成主编：《公民道德论》，人民出版社 2004 年版。

7. 吕元礼：《政治文化：传统与现代的会通》，人民出版社 2004 年版。

8. 王海明：《新伦理学》，商务印书馆 2001 年版。

9. 褚松燕：《个体与共同体》，中国社会出版社 2003 年版。

10. 唐凯麟编著：《伦理学》，高等教育出版社 2001 年版。

11. 俞可平：《社群主义》，中国社会科学出版社 1998 年版。

12. 董炯：《国家、公民与行政法》，北京大学出版社 2001 年版。

13. 张志伟主编：《西方哲学史》，中国人民大学出版社 2002 年版。

14. 苗力田主编：《古希腊哲学》，中国人民大学出版社 1989 年版。

15. 徐湘林等主编：《民主、政治秩序与社会变革》，中信出版社 2003 年版。

16. 许纪霖主编：《共和、社群与公民》，江苏人民出版社 2004 年版。

17. 高德胜：《生活德育论》，人民出版社 2005 年版。

18. 马骥雄：《战后美国教育研究》，江西教育出版社 1991 年版。

19. 檀传宝等：《公民教育引论》，人民出版社 2011 年版。

20. 蓝维等《公民教育：理论、历史与实践探索》，人民出版社 2007 年版。

21. 瞿葆奎主编：《教育学文集——联邦德国教育改革》，人民教育出版社 1991 年版。

22. 李其龙、孙祖复选编：《联邦德国教育改革》，人民教育出版社 1991 年版。

23. 瞿葆奎主编：《教育学文集——联邦德国教育改革》，人民教育出版社 1991 年版。

24. 江国华：《宪法与公民教育》，武汉大学出版社 2010 年版。

25. 李梅：《权利与正义：康德政治哲学研究》，社会科学文献出版社 2000 年版。

26. 傅安洲、阮一帆、彭涛：《德国政治教育研究》，人民出版社 2010 年版。

27. 唐克军：《比较公民教育》，中国社会科学出版社 2008 年版。

28. 梁金霞：《中国德育向公民教育转型研究》，知识产权出版社 2009 年版。

29. 陈立思主编：《当代世界的思想政治教育》，中国人民大学出版社 1999 年版。

30. 顾成敏：《公民社会与公民教育》，知识产权出版社 2008 年版。

31. 朱晓宏：《公民教育》，教育科学出版社 2003 年版。

32. 梁金霞：《中国德育向公民教育转型研究》，知识产权出版社 2009 年版。

33. 杜维明：《新加坡的挑战——新儒家伦理与企业精神》，生活·读书·新知三联书店 1989 年版。

34. 龚群：《新加坡公民道德教育研究》，首都师范大学出版社 2007 年版。

35. 曹云华：《新加坡的精神文明》，广东人民出版社 1992 年版。

36. 戴胜利：《大学思想政治教育的比较研究》，上海教育出版社 2006 年版。

37. 谢永亮：《小国伟人智谋大师李光耀》，中原农民出版社 1997 年版。

38. 郝宇青：《苏联政治生活中的非制度化现象研究》，华东师范大学出版社 2007 年版。

39. 冯绍雷、相蓝欣：《转型中的俄罗斯社会与文化》，上海人民出版社 2005 年版。

40. 吴文侃主编：《中小学公民素质教育国际比较》，人民教育出版社 2002 年版。

41. 汪宁：《普京的俄罗斯新思想》，上海外语教育出版社 2005 年版。

42. 陆有铨：《从滞后到超前——20 世纪教育回顾与前瞻丛书》，山东教育出版社 1996 年版。

43. 俞可平等：《中国公民社会的兴起与治理的变迁》，社会科学文献出版社 2002 年版。

44. 高兆明：《制度公正论》，上海文艺出版社 2001 年版。

45. 孙立平：《转型与断裂——改革以来中国社会结构的变迁》，清华大学出版社 2004 年版。

46. 孙立平：《断裂——20 世纪 90 年代以来的中国社会》，社会科学文献出版社 2003 年版。

47. 李萍：《公民日常行为的道德分析》，人民出版社 2004 年版。

48. 周兴国：《公民德性教育》，安徽教育出版社 2013 年版。

49. 赵晖：《社会转型与公民教育》，人民教育出版社 2007

年版。

50. 何齐宗等：《青少年公民意识教育研究》，中国社会科学出版社 2011 年版。

51. 吴威威：《公民责任探析》，中国社会科学出版社 2015 年版。

52. 鲁洁、王逢贤主编：《德育新论》，江苏教育出版社 1994 年版。

53. 李朝东、王金元：《教育启蒙与公民人格建构》，中国社会科学出版社 2009 年版。

54. 刘丹：《全球化时代的认同问题与公民教育研究：基于公民身份的视角》，北京师范大学出版集团、北京师范大学出版社 2013 年版。

55. 刘铁芳：《公共生活与公民教育：学校公民教育的哲学探究》，教育科学出版社 2013 年版。

56. 李晖：《大学生公民教育研究——基于积极心理学的思考》，光明日报出版社 2015 年版。

57. 徐宗华：《现代化的政治文化维度》，人民出版社 2007 年版。

58. 苏守波：《美国现代化进程中的公民教育》，山东人民出版社 2011 年版。

59. 唐克军、蔡迎旗：《美国学校公民教育》，中国社会科学出版社 2012 年版。

60. 孔锴：《美国公民教育模式研究》，中国社会科学出版社 2013 年版。

61. 冯建军：《公民身份认同与学校公民教育》，人民出版社 2014 年版。

62. 叶飞：《公共交往与公民教育》，人民出版社 2014 年版。

C. **国外学术著作**

1. ［美］英格尔斯：《人的现代化》，殷陆君编译，四川人民出版社1985年版。

2. ［美］西里尔·E. 布莱克编：《比较现代化》，杨豫、陈祖洲译，上海译文出版社1996年版。

3. ［美］加布里埃尔·A．阿尔蒙德、西德尼·维巴：《公民文化——五国的政治态度和民主制》，马殿军、阎华江等译，浙江人民出版社1989年版。

4. ［美］加布里埃尔·A. 阿尔蒙德、小G. 宾厄姆·鲍威尔：《比较政治学：体系、过程和政策》，曹沛霖等译，上海译文出版社1987年版。

5. ［法］亚历西斯·德·托克维尔：《论美国的民主》（上），董果良译，商务印书馆1988年版。

6. ［德］马克斯·韦伯：《经济与社会》（上卷），林荣远译，商务印书馆1998年版。

7. ［古希腊］亚里士多德：《政治学》，吴寿彭译，商务印书馆1965年版。

8. ［英］戴维·米勒、韦农·波格丹诺主编：《布莱克维尔政治学百科全书》（修订版），邓正来等译，中国政法大学出版社2002年版。

9. ［英］梅因：《古代法》，沈景一译，商务印书馆1959年版。

10. ［美］特里·L. 库珀：《行政伦理学：实现行政责任的途径》（第四版），张秀琴译，中国人民大学出版社2001年版。

11. ［德］马克斯·韦伯：《学术与政治》，钱永祥译，生活·读书·新知三联书店1998年版。

12. ［德］黑格尔：《精神现象学》（下卷），贺麟、王玖兴译，商务印书馆 1979 年版。

13. ［匈］阿格妮丝·赫勒：《日常生活》，衣俊卿译，重庆出版社 1990 年版。

14. ［德］黑格尔：《法哲学原理》，范扬、张启泰译，商务印书馆 1961 年版。

15. ［日］小仓志祥：《伦理学概论》，吴潜涛译，中国社会科学出版社 1990 年版。

16. ［美］约翰·罗尔斯：《正义论》，何怀宏等译，中国社会科学出版社 1988 年版。

17. ［德］尤尔根·哈贝马斯：《合法化危机》，曹卫东译，上海人民出版社 2000 年版。

18. ［德］哈贝马斯：《交往与社会进化》，张博树译，重庆出版社 1989 年版。

19. ［德］康德：《历史理性批判文集》，何兆武译，商务印书馆 1996 年版。

20. ［德］康德：《法的形而上学原理——权利的科学》，沈叔平译，商务印书馆 1991 年版。

21. ［英］安东尼·吉登斯：《民族—国家与暴力》，胡宗泽，赵力涛译，生活·读书·新知三联书店 1998 年版。

22. ［德］康德：《道德形而上学原理》，苗立田译，上海人民出版社 2002 年版。

23. ［英］弗里德利希·冯·哈耶克：《自由秩序原理》（上），邓正来译，生活·读书·新知三联书店 1997 年版。

24. ［美］哈佛编委会主编：《哈佛通识教育红皮书》，李曼丽译，北京大学出版社 2010 年版。

25. ［德］凯兴斯泰纳：《凯兴斯泰纳教育论著选》，郑惠卿译，人民教育出版社 2003 年版。

26. ［日］岭井明子主编：《全球化时代的公民教育》，姜英敏编译，广东省出版集团2012年版。

27. ［新加坡］《联合早报》编：《李光耀40年政论选》，现代出版社1994年版。

28. ［英］阿里克斯·乔西：《李光耀》（中译本），上海人民出版社1976年版。

29. ［俄］普京：《普京文选》，中国社会科学出版社2002年版。

30. ［俄］尼古拉·伊万诺维奇·雷日科夫：《大国悲剧——苏联解体的前因后果》，徐昌翰等译，新华出版社2010年版。

31. ［美］J. 范伯格：《自由、权利和社会正义》，王守昌、戴栩译，贵州人民出版社1998年版。

32. ［美］莱斯利·P. 斯特弗、杰里·盖尔主编：《教育中的建构主义》，高文等译，华东师范大学出版社2004年版。

33. ［美］塞缪尔·亨廷顿：《变革社会中的政治秩序》，李盛平等译，华夏出版社1988年版。

34. ［加拿大］莱斯利·雅各布：《民主视野》，吴增定等译，中国广播电视出版社2000年版。

35. ［英］奥德丽·奥斯勒、休·斯塔基：《变革中的公民身份：教育中的民主与包容》，王啸、黄玮珊译，教育科学出版社2012年版。

D. **古籍著作**

1. 朱熹：《四书章句集注》，中华书局1983年版。

2. （东汉）许慎：《说文解字今释》，汤可敬撰，岳麓书社2002年版。

3. 《论语》，杨逢彬、杨伯峻注译，岳麓书社2000年版。

4.《孟子》，杨逢彬、杨伯峻注译，岳麓书社2000年版。

5.《荀子》，方勇、李波译注，中华书局2011年版。

E. **学位论文**

1. 舒娅娜：《中美大学生法制教育比较研究》，中国计量学院，2014年硕士学位论文。

2. 巫阳朔：《中美高校思想政治教育比较研究》，中共中央党校，2012年博士学位论文。

3. 程晓峰：《中外公民教育比较研究》，云南师范大学，2006年硕士学位论文。

4. 朱梅：《国外公民教育的比较研究》，华东师范大学，2007年硕士学位论文。

5. 李林：《新加坡公民教育研究与启示》，太原科技大学，2010年硕士学位论文。

6. 孙义兰：《中国与新加坡当代大学德育的比较研究及启示》，兰州大学，2010年硕士学位论文。

7. 葛立娟：《俄罗斯思想政治教育研究》，大连理工大学，2009年硕士学位论文。

F. **期刊论文**

1. 白尚祯：《美国公民意识的演变和特点》，《北京青年政治学院学报》2010年第2期。

2. 储昭根：《美国移民法案难产的背后》，《观察与思考》2007年第12期。

3. 于洪卿：《美国中小学责任教育及启示》，《中国青年研究》2008年第5期。

4. 许彩萍：《美国爱国主义教育的特点及对我国的启示》《杨凌职业技术学院学报》2009年第4期。

5. 张宗海：《西方主要国家的高校学生责任教育与启示》，《高教探索》2002 年第 3 期。

6. 王琦：《中美青少年公民责任教育之比较》，《首都师范大学学报》（社会科学版）2011 年第 3 期。

7. 吴琼：《美中大学学生自治组织比较研究》，《和田师范专科学校学报》（汉文综合版）2009 年第 1 期。

8. 薛继红：《美国大学学生自治对我国高校学生管理的启示》，《江苏高教》2013 年第 6 期。

9. 崔晓敏：《美国高校与学生法律关系的演变》，《高教探索》2006 年第 4 期。

10. 吴兵、董清爽：《美国高校学生会组织研究》，《科技视界》2011 年第 25 期。

11. 叶信治：《美国大学的顶点课程初探》，《教育与考试》2009 年第 6 期。

12. 叶信治、杨旭辉：《顶点课程：高职学生从学校到职场的桥梁》，《中国高教研究》2009 年第 6 期。

13. 韩树林：《借鉴国外经验开展学生社区服务》，《中国职业技术教育》2005 年第 8 期。

14. 汤红娟：《美国大学生社区志愿服务的启示》，《社会科学家》2013 年第 11 期。

15. 朱宇航：《补偿不来的正义》，《大科技（百科探索）》2007 年第 7 期。

16. 赵希斌、邹泓：《美国服务学习实践及研究综述》，《比较教育研究》2001 年第 4 期。

17. 唐荣双：《试论美国宗教教育在其思想政治教育中的作用》，《经济与社会发展》2004 年第 5 期。

18. 段喜莲：《凯兴斯泰纳教育思想探究》，《和田师范专科学校学报》（汉文综合版）2008 年第 1 期。

19. 吴明海:《德国凯兴斯泰纳公民教育思想之研究》,《郑州大学学报》(哲学社会科学版)2004 年第 3 期。

20. 孙梓毓:《德国的公民教育及对我国的启示》,《教育改革》2013 年第 4 期。

21. 阮一帆、彭涛:《德国"联邦政治教育中心"的历史考察》,《武汉大学学报》(人文科学版)2010 年第 3 期。

22. 彭正梅:《德国政治教育的里程碑:〈博特斯巴赫共识〉研究》,《外国中小学教育》2010 年第 5 期。

23. 任平:《德国学校公民教育一瞥》,《新课程研究旬刊》2013 年第 11 期。

24. 王凌皓、张金慧:《新加坡中小学"共同价值观"教育探析》,《外国教育研究》2007 年第 3 期。

25. 王冬艳:《儒家道德观对新加坡道德教育的影响》,《北方论丛》2002 年第 3 期。

26. 方婷:《纵观新加坡道德教育与法制教育的融合及其启示》,《沙洋师范高等专科学校学报》2010 年第 3 期。

27. 郑文姬:《新加坡"德法兼施"德育特色对高校德育的启示》,《云南社会主义学院学报》2013 年第 2 期。

28. 邓秀华:《日本新加坡的德法兼治》,《新东方》2004 年第 6 期。

29. 《新加坡法制教育掠影》,《思想理论教育》2010 年第 6 期。

30. 毕进军:《论政府对和谐家庭和家庭教育的促进作用——兼谈新加坡的经验》,《三峡大学学报》(人文社会科学版)2007 年 6 月专辑。

31. 田玉敏、张雅光、赵艳芹:《新加坡中小学的公民道德教育及借鉴》,《伦理学研究》2003 年第 6 期。

32. 李威：《新加坡廉政建设的成功做法及对我国的启示》，《南方论刊》2013 年第 6 期。

33. 吴玉军、吴玉玲：《新加坡青少年国家认同教育及其启示》，《外国中小学教育》2008 年第 7 期。

34. 任海珍：《新加坡家庭教育浅析》，《网络财富》2010 年 6 月刊。

35. 张鸿燕：《当代俄罗斯学校德育的改革与发展》，《现代教育科学（高教研究）》2012 年第 7 期。

36. 张鸿燕：《当代俄罗斯公民教育的嬗变及发展趋势》，《教育探索》2012 年第 3 期。

37. 雷蕾、列·弗·波波夫：《公民教育中心：俄罗斯公民教育的专门机构》，《外国教育研究》2014 年第 7 期。

38. 肖甦：《俄罗斯中小学公民教育的变革》，《比较教育研究》2001 年第 6 期。

39. 陈岩、姜相志：《俄罗斯东正教的社会整合与道德教化作用研究》、《学术交流》2008 年第 7 期。

40. 王凤娥、杨克瑞：《走向公共生活的公民教育》，《宁波大学学报》（教育科学版）2007 年第 1 期。

41. 吴潜涛：《弘扬和践行中国精神——〈中国精神读本〉解读》，《北京教育·德育》2015 年第 1 期。

42. 陈毓：《从法制教育到法治教育——大学生法律素养培养新思路》，《法制与社会》2009 年第 3 期。

43. 陈秉公：《创造“思想道德修养与法律基础”课的教学魅力》，《思想理论教育》2007 年第 4 期。

44. 邵龙宝：《“学习共同体”与创新人格的培养》，《教育研究》2007 年第 1 期。

45. 李春成：《信息不对称下政治代理人的问题行为分析》，《学术界》2000 年第 3 期。

46. 万俊人：《“和谐社会”及其道德基础》，《马克思主义与现实》2005 年第 1 期。

G. **外文文献**

1. J. L. Cohen and A. Arato, Civil Society and Political Theory, The MIT Press, 1992.

2. Amy Gutmann, Identity in Democracy, The Princeton University Press, 2003.

3. Engin F. Isin and Patricia K. Wood, Citizenship and Identity, The SAGE Publications, 1999.

4. Karen M. Kedrowski, Civic Education by Mandate: A State – by – state Anlysis. PS: *Political Science and Politics*, 2003 (2).

5. Thomas Ehrlich: Civic Responsibility and Higher Education, Rowman & Littlefield Publishers, 2000.

6. P. Kosok, Modern Germany. A Study of Conflicting Loyalties. Chicago: Chicago University Press, 1933.

7. A. Hearnden, Education in the Two Germanies. Oxford: Blackwell, J. V. Torney, Oppenheim, A. N. and Farnen R. F., Civic Education in Ten Countries: An Empirical Study. Stockholm, Sweden: Almqvist & Wiksell International, 1975.

8. Henry Campbell Black: Black's Law Dictionary, 6th edition, St Paul Minn, West Publishing Co., 1990.

9. Nel Noddings, Educating Moral People: A Caring Alternative to Character Education. New York and London: Teachers College Press, 2002.

10. James A. Banks (ed.), Diversity and Citizenship Education; Global Perspectives. San Francisco: Jossey – Bass, 2004.

11. Michael Freeden, *Ideologies and Political Theory: A Conceptual Approach*, Oxford University Press, 1996.

12. Derek Heater, *A History of Education for Citizenship*, London and New York; Routledge Falmer, 2004.

后　记

本书是教育部人文社会科学研究青年基金项目“现代化视域下大学生公民责任教育研究”（项目号：09YJC710015）的最终成果。公民理论的相关研究是我自读博士起就一直坚持的一个研究方向，我的博士论文《公民责任探析》是从一般理论的角度探讨公民责任问题。毕业以后我一直担任思想政治教育专业的老师，教学和科研工作都围绕着德育与思想政治教育的现代转型来开展，它促使我将两个研究方向结合起来，关注大学生的公民教育，尤其是公民责任教育问题。

此项目自 2009 年立项即开始研究工作，其中因我 2011—2014 年在中央编译局政治学博士后流动站做研究，而一度影响了研究的进展。其中学力与精力的有限是一个原因，但更可能是因为懒散，将课题结项一直拖延至今，确实十分懊悔。稍感安慰的是，我的博士后研究主攻方向为公民权利与社会治理问题，对公民权利的深度研究，促使我从权利与责任统一的视角，开始思考公民责任问题，对公民责任有了更深的领悟。这对我关于大学生公民责任教育的研究也应该有所助益吧。

本书的写作主要由吴威威负责完成，我指导的研究生邵森和仲惟嘉自入学起就参与了我的课题研究，他们以参与研究的内容作为硕士论文选题开展科研工作，在本书他们各撰写一章。全书共分为七章，邵森撰写了第三章美国大学生公民责任教育，仲惟嘉撰写了第六章俄罗斯公民责任教育。吴威威撰写了导论、第一章、第二章、第四章、第五章和第七章，并负责全书的统筹指导与统稿工作。

这些年沿着公民理论方向，持续地耕耘，越发让我感觉到公民理论的研究需要政治学、伦理学、法学、教育学等多学科的理论给养，需要研究者有坚实的理论基础与广博的学识素养。这些是需要一个学者以孜孜不倦、上下求索的精神终生努力为之的。而公民教育对于现代化的中国的发展一定是意义深远的。本书的出版权且作为个人探索的开启，路漫漫其修远兮，我愿意一直走在路上耕耘！

吴威威